웹진 『시인광장』 선정
- 2024 올해의 좋은 시 100選

Selected by Webzine Poetsplaza
- 2024 Best Poem of this year 100 Selections

웹진 『시인광장』 선정
2024 올해의 좋은 시 100選

초판인쇄 2024년 1월 3일
초판발행 2024년 1월 3일

펴 낸 곳   도서출판 시인광장
펴 낸 이   우원호
등록번호   307-2013-17
주   소   세종특별자치시 보듬2로 43, 1506동 1801호
전   화   044-866-5326
팩   스   044-866-5326
전자우편   seeinkwangjang@hanmail.net
홈페이지   www.seeinkwangjang.com

ISBN 979-11-969163-6-7

값 12,000원

• 도서출판 『시인광장』은 시문학의 발전과 시문단의 중흥을 위한 새로운 변화와 창조를 도모하는 뉴 패러다임 [New Paradigm]의 출판사로 시인들과 시를 사랑하는 모든 독자들을 생각하며 성원에 보답하기 위해 언제나 최선을 다하겠습니다.

• 잘못 만들어진 책은 바꾸어 드립니다.

■웹진 『시인광장』 선정 『올해의좋은시賞』 역대 수상자
受賞者들과 수상시受賞詩들

수상년도	회수	수상시	수상시인
2008년	1회	내 몸속에 잠든 이 누구신가	김선우
2009년	2회	무덤 사이에서	박형준
2010년	3회	겨울의 원근법	이장욱
2011년	4회	문장들	김명인(공동수상)
	4회	인중을 긁적거리며	심보선(공동수상)
2012년	5회	y거나 Y	유지소
2013년	6회	잉어	김신용
2014년	7회	시골 창녀	김이듬
2015년	8회	저녁의 감정	김행숙
2016년	9회	눈썹이라는 가장자리	김중일
2017년	10회	죽은 새를 위한메모	송종규
2018년	11회	나를 파괴하라! 장미여	김왕노
2019년	12회	누가 고양이 입속의 시를 꺼내 올까	최금진
2020년	13회	음시	함기석
2021년	14회	제페토의 숲	김희준(1994 ~ 2020)
2022년	15회	도넛 구멍 속의 잠	이혜미
2023년	16회	서 쪽	홍일표
2024년	17회	당신 영혼의 소실	황인찬

제1회 김선우   제2회 박형준   제3회 이장욱   제4회 김명인   제4회 심보선

제5회 유지소   제6회 김신용   제7회 김이듬   제8회 김행숙   제9회 김중일

    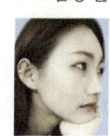

제10회 송종규   제11회 김왕노   제12회 최금진   제13회 함기석   제14회 김희준
(1994 ~ 2020)

제15회 이혜미   제16회 홍일표   제17회 황인찬

시인광장

— 2024 올해의 좋은시 100選

2024 웹진 『시인광장』 선정 올해의 좋은 시 100選 序文

시의 광야, 문학의 지평선을 여는 시인광장에서 올해의 좋은 시 100 선이

웹진 『시인광장』 발행인 **김왕노** • 8

2024 제17회 웹진 『시인광장』 선정 올해의좋은시賞 심사평

카오스의 미학 황인찬 '당신 영혼의 소실'

웹진 시인광장 주간. 좋은시상 심사위원장 **방민호** • 13

2024 제17회 웹진 『시인광장』 선정 올해의좋은시賞 수상시와 수상소감 • 16

2024 제17회 웹진 『시인광장』 올해의좋은시상 수상자와의 대담

재생산의 무한 반복을 거부하는 주체

수상자 : 황인찬 시인
대 담 : 최규리(시인, 웹진 『시인광장』 편집장) • 20

001_	강 주	소원에게 물 주기	• 30
002_	강재남	당신이 잘 있으면 나는 잘 있습니다	• 32
003_	고은진주	구름과 귀와 이빨의 잠	• 33
004_	구석본	고독의 얼굴	• 35
005_	권성훈	성씨들의 모국어	• 36
006_	김개미	결국 수정액도 페인트 아니겠어?	• 37
007_	김백겸	대전부루스가 대전역 도착을 알리는 지하철	• 39
008_	김분홍	끝까지 서랍	• 41
009_	김사리	당신의 선택권	• 43
010_	김상미	어제의 창문	• 45

011_	김성백	그늘혼	•50
012_	김송포	그렇다고 해도, 궤와 변	•52
013_	김숙영	폐소공포증	•54
014_	김신용	진흙쿠키를 굽는 시간 5	•55
015_	김영찬	썸머타임 프리패스	•57
016_	김왕노	사랑별 –늙은 사랑에게	•60
017_	김조민	아직 겨울이라 나의 언어는 빈약합니다	•65
018_	김찬옥	스리슬쩍, 사과	•67
019_	김태경	무리한	•68
020_	김혜천	원근법으로 다가가는 성소	•69
021_	김효은	소식	•74
022_	나금숙	순간을 풀어주다	•76
023_	류인서	장미	•78
024_	맹문재	사북 골목에서	•79
025_	문정영	탄소발자국	•81
026_	문정희	6번 칸	•83
027_	문지아	서시의 반대말도 모르는 서시	•85
028_	박성준	고덕	•86
029_	박수현	강릉	•88
030_	박완호	나무의 발성	•89
031_	박은정	진흙 정원	•94
032_	박지웅	물방울 속의 코끼리	•96
033_	방민호	생각의 빛	•98
034_	배세복	는개라는 개	•100
035_	배재경	불구의 질문	•101
036_	변의수	불의 주문	•103
037_	서영택	꽃잎의 시간	•107
038_	석민재	수련이 흔들리고	•109
039_	손석호	스파이더맨	•111
040_	송용탁	세계의 고아	•112

041_	송종규	닫히지 않는 입술처럼	• 116
042_	신용목	긴긴 밤	• 117
043_	신철규	취한 꿈	• 120
044_	심은섭	퇴사역	• 123
045_	안은숙	바퀴의 로드킬	• 125
046_	안차애	엄마의 물리학	• 127
047_	양균원	무풍지대	• 129
048_	오정국	모래의 시	• 131
049_	우대식	역입	• 133
050_	우원호	Kiss 8 -크로스 키스	• 134
051_	육호수	희망의 내용 없음	• 140
052_	이강하	칸나의 해안	• 142
053_	이규리	월요일의 도시락	• 144
054_	이노나	봄을 끌어당기는 줄도 모르고	• 146
055_	이 령	비밀번호 바꾸기	• 148
056_	이만영	유리병 속 과육이 익어가는 시간	• 150
057_	이병국	이을	• 152
058_	이병일	쓰레기山과 코끼리	• 154
059_	이수명	오늘의 자연분해	• 156
060_	이수영	검은 사각형, 카지미르 말레비치	• 158
061_	이영춘	모래의 시간	• 162
062_	이재연	우리가 잠시 바다였습니다	• 163
063_	이혜미	트레이시의 개	• 165
064_	임수현	어디까지나 기린의 일	• 167
065_	장옥관	밤의 커튼이 쳐진 빨래판	• 168
066_	전길구	그녀가 보고픈 날에	• 170
067_	정숙자	공우림(空友林)의 노래 · 37	• 172
068_	정윤서	문산	• 173
069_	정지우	우리는 날아가는 검은 우산을 기억해낸다	• 175
070_	정채원	덧칠된 세계	• 177

071_	정한용	빈자리	• 182
072_	정혜영	지붕 위의 바다	• 183
073_	조말선	두부	• 185
074_	조미희	방충망 너머	• 186
075_	조용미	연두의 습관	• 188
076_	주민현	다 먹은 옥수수와 말랑말랑한 마음 같은 것	• 190
077_	진혜진	우리의 목책공	• 195
078_	채종국	먼지의 공전	• 196
079_	천수호	여기에 없는 질문	• 198
080_	천양희	뜻밖의 질문	• 200
081_	최규리	릴리 릴리	• 204
082_	최금진	부메랑	• 208
083_	최동호	구름 시집	• 210
084_	최문자	드로잉	• 211
085_	최분임	예후	• 213
086_	최세라	카운트 업	• 215
087_	최연수	핵심 관계자	• 217
088_	최재훈	새장으로 손쉽게 선풍기를 만드는 법	• 219
089_	최지인	조용한 일	• 222
090_	최형심	별정우체국	• 225
091_	하 린	로드킬	• 230
092_	하두자	콘센트와 망각	• 232
093_	하상만	설산	• 234
094_	한성근	허술한 믿음에 사로잡혀	• 235
095_	한정원	눈사람의 시간	• 237
096_	함기석	혹시나 해서 말인데	• 239
097_	허 민	신의 물방울	• 242
098_	홍일표	밝은 날	• 244
099_	황인찬	당신 영혼의 소실	• 246
100_	황정산	허수아비 때리기	• 248

| 2024 웹진 「시인광장」 선정 올해의 좋은 시 100選 序文

시의 광야,
문학의 지평선을 여는 시인광장에서 올해의 좋은 시 100選이

김왕노(웹진 시인
광장 발행인)

  올해도 웹진시인광장의 제17회 올해의 좋은 시 수상자 황인찬 시인을 뽑고 2023년 올해의 좋은 시 100선을 내는 결실을 보게 되었다. 좋은 시 500선에서 다시 100선으로 다시 10선으로 오는 치열하고 공정한 과정을 거치며 이뤄지는 일련의 과정이 이제 웹진 시인광장이 세계에 펼쳐 보여주는 유일무이한 축제일 것이다. 박성준 '고덕', 황인찬 '당신 영혼의 소실', 하 린 '로드킬', 신철규 '취한 꿈', 조용미 '연두의 습관', 문정희 '6번 칸', 이수명 '오늘의 자연분해', 장옥관 '밤의 커튼이 쳐진 빨래판', 맹문재 '사북 골목에서', 육호수 '희망의 내용 없음'이 10선에 선정되었고 그 이전에 거둔 100선의 시는 시의 정수를 보여주고 어느 시 하나 수상작으로도 손색이 없었다. 이 같은 100선의 옥고를 모아 한 권의 책으로 엮어내었다. 이 일은 코로나 시절에도 꾸준히 이어져 왔고 예년과 같이 올해에도 이어졌다.
  2023년 올해의 좋은 시 100선이 시인광장의 끝없는 연속성을, 연대기를 한 눈으로 확인할 수 있는 것으로 한 해가 마무리되었다. 시가 표면적으로는 순탄하나 사실 시의 치열함, 시의 결렬함을 시인광장이 무삭제 완역판으로 고스란히 올해도 보여주었다. 시에는 우주가 담겨 있고, 우주의 노래가 담겨있고. 세상이 담겨 있고, 세상에 대한 당부가 담겨 있고, 세상의 이념이 담겨있고, 개인사가 담겨있고, 미세한 풀잎의 떨림이 담겨 있고, 생장점의 분열과 분열이 담겨 있고, 표면장력이 약해 깨어지는 이슬의 아픔이 담겨 있다. 시가 한 시대를 나타내고 시에 한 시대의 흐름을 바꿔 놓으려는 몸짓도 있다. 시에는 삼라만상이 다 들어있다.

시로 시인 자신을 나타내고, 시로 누군가를 부르고, 누군가를 그리워하고, 시가 꿈으로 데려가는 견인차 역할을 한다. 이처럼 올해도 시인광장을 통해 읽히는 수준 높은 시들은 읽는 사람의 감정을 뒤흔들어 놓았을 것이다. 시의 보고인 시인광장에 들어와 다양한 시를 보고 시의 경향이나 개별화된 시, 새로운 시의 물꼬를 트는 시를 만끽했을 것이다. 누구나 좋은 시 500선과 문단 소식 신간 알림과 각종 장르의 문학을 시인광장을 통해 접하며 늘 역동성이 있고 신선한 시인광장이 시의 광야, 문학의 지평선을 여는 곳임을 알았을 것이다.

시인광장의 역사는 2006년으로 거슬러 올라간다. 우원호 선생님이 웹의 세상이 미래를 주도해 나갈 거라는 선견지명이 시발점이 되었다. 혼신을 기울여 오늘날에 우리 문학의 금자탑을 이뤘다. 시인광장은 한 마디로 우원호 시인의 족적이자 분골쇄신한 결과물이다. 그런데 건강상의 이유로 지금껏 김백겸 주간, 김신용 주간, 김영찬 주간에 이어 주간 자리를 맡았던 내게 발행인이라는 자리를 주었다.

과분한 자리면서 부담되는 자리나 우원호 선생님과 전 주간을 모시고, 편집주간 방민호 시인, 편집 부주간 김조민 시인, 편집장 최규리 시인, 편집위원 권성훈 시인, 김효은 시인, 하상만 시인, 석민재 시인, 김광호 시인, 채종국 시인, 김태경 시인, 정윤서 시인을 모시고 반석을 놓아주신 우원호 선생님의 뜻을 받들어 다시 도약하는 시인광장으로 매진해 나가겠다.

끝으로 우원호 선생님을 기리는 졸 시 한 편 올려 봅니다.

차라리 광장의 장엄한 나무 한 그루로
- 우원호 선생님에게 -

시인광장을 밤새워 살을 깎아가며 당신이 가꿨습니다.
시의 이파리마다 당신의 숨결이 잎맥으로 도드라지고
당신이 영역한 시가 남아메리카로 북경으로 케이프타운으로
옥빛 조선의 하늘을 스쳐 시 구름으로 흘러가는 것을 봅니다.
찬란하게도 시의 광장을, 광야를 초인처럼 가꿀 자 누구입니까.
당신의 분신인 시인광장에 당신이 쓴 백두산이란 시가
백두대간처럼 용트림하며 가슴을 뜨겁게 달굽니다.

당신 청춘의 무덤이 된 시인광장에 오늘도 시인들이 드나들며
당신이 심어서 피운 시 향기에 취합니다.
시인광장에 펼쳐지는 하늘은 그저 하늘이 아니고 시 하늘이고
시인광장에 흐르는 강물이 그저 강물이 아니고 시 강물이고
시인광장 어느 것 하나에 당신 손길 스치지 않는 것이 없었고
광장은 광장이 아니라 시의 중심이고 시의 영토고
이만큼 세상에 넓고 깊은 시의 청정지역을 누가 가꾸겠습니까.

당신이 떠난다 해도 떠날 수 없게 우리는 붙잡을 것이고
언제나 시인광장에서 감옥에 갇힌 듯 갇혀서
시의 탈자와 오자를 잡아내고 모든 시인의 숨통을 트여주려고
불철주야 시의 광장을 활짝 열어두고 불면으로 지새우며
가물거릴 때마다 찬물로 끼얹어 당신을 일깨우던 인고의 세월
우리 어찌 그 긴 세월을 영영 잊을 수가 있을까요.

선생님 당신은 이제 시인광장에 영원한 거목으로 그늘을 드리우며

우듬지까지 자잘한 시의 꽃, 수천수만 시의 이파리가 파닥이는 아름드리 시 나무이시기를 바랍니다.

그 많은 병마와 이기면서 시인광장을 가꾸던 정신은 쉽게 쓰러지는 우리에게 끝없이 직립을 가르치는 대쪽이었습니다.

차라리 선생님 광장의 장엄한 나무 한 그루로 불멸하시기 바랍니다.

■ 웹진 『시인광장』 선정 2024 올해의 좋은 시 2차 선정 10選

■ 웹진 『시인광장』 선정 2024 올해의 좋은 시 2차 선정 10選(가나다순)

순서	이름	제목	구분
1	맹문재	사북 골목에서	시집 『사북 골목에서』 2020년
2	문정희	6번 칸	계간 『시산맥』 2023년 여름호
3	박성준	고덕	계간 『시작』 2022년 여름호
4	신철규	취한 꿈	계간 『문학인』 2023년 봄호
5	육호수	희망의 내용 없음	시집 『영원 금지 소년 금지 천사 금지』 2023년
6	이수명	오늘의 자연분해	격월간 『릿터』 12-1월호
7	장옥관	밤의 커튼이 쳐진 빨래판	격월간 『현대시학』 5-6월호
8	조용미	연두의 습관	월간 『현대시』 2023년 5월호
9	하 린	로드킬	반년간 『한국시인』 2022년 봄,여름호
10	황인찬	당신 영혼의 소실	계간 『어선 테일즈』 2021년 겨울호

2024 제17회 웹진 『시인광장』 선정 올해의 좋은 시 100選 심사평

카오스의 미학 황인찬 '당신 영혼의 소실'

방민호(웹진 시인광장 주간, 좋은시상 심사위원장)

　제17회 올해의 좋은 시 수상자를 선정하기 위해 최종심에 오른 10편의 시, 박성준 '고덕', 황인찬 '당신 영혼의 소실', 하 린 '로드킬', 신철규 '취한 꿈', 조용미 '연두의 습관', 문정희 '6번 칸', 이수명 '오늘의 자연분해', 장옥관 '밤의 커튼이 쳐진 빨래판', 맹문재 '사북 골목에서', 육호수 '희망의 내용 없음'을 앞에 두고 저와 김조민 부주간, 최규리 편집장, 발행인 김왕노 시인은 오랜 논의와 심의 끝에 황인찬 '당신 영혼의 소실'을 수상작으로 선정하였다. 그의 시는 묘한 매력을 가지고 있으며 혼돈을 통해 명징한 시의 질서와 명확한 세계관을 보여주었다. 혼돈混沌이란 카오스는 무질서와 불확실성의 총체적 이름이고 패턴이 없고 예측할 수 없는 무질서한 상태를 말한다. 질서란 측면에는 반드시 혼돈을 무위로 돌려야 한다고 보나 혼돈은 질서를 넘는 고차원의 세계로 혹자는 재해석하기도 한다. 하여 카오스chaos이론이 시에서도 무질서하게 보이는 시에 논리적 법칙이 존재하고 있으며, 무질서 속의 시에서 또 다른 시의 질서를 찾아내는 의미의 꼬투리로도 본다. 혼돈은 세상과 시가 분리되기 전의 뒤섞여 있는 상태를 나타내기도

한다. 시가 탄생하기 전 세상이다. 여기서 시詩는 시詩를 만들어 내는 역할을 하는 것이다. 혼돈의 상태에서 시詩가 시詩를 정제해 내는 것이다. 시에서 보더라도 시의 혼돈과 시의 질서가 혼재하며 질서와 혼돈混沌이 암수한몸처럼 하나로 육화되어 나타나는 것이, 시라 해도 무리한 표현은 아닐 것이다. 시도 질서와 혼돈과 분리로 불완전한 상태에서 혼돈과 질서가 결합한 완전체로 나타나야 하는 경우도 있을 것이다. 이것이 시가 가진 마력이고 매력인 것이다. 황인찬 '당신 영혼의 소실'이라는 작품은 그의 시를 읽으면 혼돈이란 간극이 존재하고 있음을 느낄 것이다. 그러나 읽다 보면 일정한 패턴이 있어 시의 리듬을 느낄 수 있다. 신이 당신이라는 부르는 나와 너와 신의 삼자관계에서 나는 회상과 신의 메시지로 너라는 존재를 인식해 가며 결국 영혼을 잃어버린 나의 삶도 확인하는 것이다. 그러나 신은 나를 죽었다고 메시지를 보내고 나는 죽음을 받아들인다. 원하지 않는 부활이라지만 영혼을 잃어버리므로 끝내 어디로부터도 받아들여지지 않고 편입해 갈 수 없는 현대인의 슬픔을 적나라하게 '당신 영혼의 소실'로 그려내고 있다. 황인찬은 시를 통해 늘 새로운 세계를 능청스럽게 보여주고 있다. 현실이란 벽을 과감하게 부수나 새로운 시의 이미지를 발굴해 내는 부드러운 힘을 가지고 있다. 그의 시는 작용반작용이 아니라 무저항이 가장 큰 저항이듯 유순하나 끝내 그가 가고자 하는 곳으로 시를 끌고 밀어가는 뚝심이 있다. 소란하지 않으며 순응의 시를 쓰는 같지만, 그는 외유내강의 시가 무엇인지 잘 보여주고 있다. 그는 죽음과 부활을 '당신 영혼의 소실'에서 말하며 내가 삼자가 아니라 죽음과 부활의 논의에서 벗어날 수 없는 유한적 존재, 인간임을 자백하고 있는 것이다. 부활 안 하겠다고 말한다는 것은 즉 언어로 존재하는 나를 과시하는 것이다. 소실된 영혼으로도 끝내 살겠다는 삶의 의지를 역설적으로 드러내는 그의 시가 돋보이므로 당연 제17회 올해의 좋은 시 수상자로 낙점되었다. 거듭 그의 선정을 축하합니다. (심사자, 시인광장 주간 방민호, 김조민 부주간, 최규리 편집장, 발행인 김왕노)

(심사자 : 발행인 김왕노, 주간 방민호, 부주간 김조민, 편집장 최규리)

2024 제17회 웹진 『시인광장』 올해의좋은시賞 수상시 및 수상 소감

당신 영혼의 소실

황인찬

〈당신은 지금 죽었습니다
약간의 경험치와 소지금을 잃었습니다〉

밥을 먹고 있는데
그런 메시지가 어디 떠오른 것 같다

스테이터스, 그렇게 외쳐도 무슨 창이 허공에 떠오른다거나 로그아웃이라고 말한다고 진정한 현실 세계로 돌아간다거나 하지는 않았지만……

식탁 위에는 1인분의 양식이 있고
창밖으로는 신이 연산해낸 물리 법칙에 따라 나무들이 흔들리고 있었다

그때 너는 분갈이를 해야 한다며
거실에 앉아 식물의 뿌리와 씨름을 하고 있었는데

(이미 구면인 신이 찾아와 내게 말을 건다

〈이것이 당신의 영혼입니다〉
—작군요

〈이것이 당신의 슬픔입니다〉

―없는데요

〈그것이 당신의 슬픔이군요〉

……잠시간의 침묵
그리고 나무들의 흔들림이 멈춘다)

회상이 끝나면 어느새 너는 없고 너무 커서 부담스러운 고무나무 한 그루가 거실 창가 한 귀퉁이를 차지하고 있다

이 나무에는 너의 영혼이 깃들었고
이것을 잘 가꾸면 언젠가 네가 열매 맺힐 것이라 믿으며

나는 잘살고 있다
딱히 네가 죽은 것은 아니었지만

〈당신은 지금 죽었습니다〉

다시 내 머리 위 어디쯤
메시지가 떠오른 것만 같았고

―부활은 안 할게요
그렇게 말해도 들어주는 사람은 없었다

계간 《어선 테일즈》 2021년 겨울호

■ **수상 소감**

 고작 시 한 편을 써놓고는 그것으로 세상을 바꿀 수 있다고 믿고야 마는 저 자신에게 부끄러움을 느낄 때가 많았습니다. 시가 삶을 따라가지 못하고, 삶이 시와 만나지 못하는 것이 괴롭게 느껴지는 때는 더욱 많았습니다. 그럼에도 시를 왜 놓지 못하는 것일까, 왜 시를 계속 써야만 하는 것일까, 스스로에게 질문을 던지는 날이 많았습니다. 시는 너무 작은 목소리로 말하는 양식인지라 귀 기울여 듣는 사람에게만 가까스로 가닿을 수 있습니다. 그러나 그렇게만 겨우 전달할 수 있는 세계가 있으므로, 시는 언제나 더 작게, 더 조심스럽고 섬세하게 말하고자 합니다. 이 작고 부질없는 목소리에 귀를 기울이고 마음을 기울여 줄 이가 있으리라는 기대를 품으면서 말입니다. 그리고 그것이 제가 시를 포기하지 못하는 까닭이었습니다.
 너무 작아서 우리가 놓쳐버리고야 마는 우리 삶의 바스러진 파편 같은 것들을 헤아리는 일이, 그리하여 그 작은 세상을 새롭게 발견하여 바꿔버리고야 마는 일이 가능하리라고 저는 믿습니다.
 시인들은 겨우 한 편의 시가 이 세계 전체를 감당할 수 있으리라는, 망상에 가까운 기대감으로 시를 써나가곤 합니다. 시를 사랑하는 사람은 대체로 계산에 서툴고 사리에 어두운 사람들이어서, 그렇게 넓은 소통과 깊은 소통을 동시에 할 수 있으리라 믿어 의심치 않는 것 같습니다. 저 또한 그렇게 어리석은 사람입니다.
 모처럼의 수상 소감 지면에 이렇게 뻔한 소리를 늘어놓게 되어서 참 송구스럽습니다. 그러나 서툴고 어리석은 사람들이 이렇게 많다는 사실이 저에게는 가장 큰 기쁨이라는 점을 말씀드리고 싶었습니다. 한 해 동안의 좋은 시를 추리는 그 과정 자체가, 그와 더불어 그 안에서 서로의 시를 읽으며 귀를 기울이는 그 시간 자체가 가장 값진 것이라 생각합니다. 고맙습니다. 앞으로도 어리석게 살겠습니다. 앞으로도 어리석고 서툰 시인 동료들과 함께 씩씩하게 살아갈 수 있다면 좋겠습니다.

2024 제17회 웹진 『시인광장』 올해의좋은시賞 수상자와의 대담

재생산의 무한 반복을 거부하는 주체

수상자 : 황인찬 시인
대　담 : 최규리(시인, 웹진 『시인광장』 편집장)

■ **최규리**: 안녕하세요. 황인찬 시인님. 제17회 웹진 시인광장이 선정한 '올해의좋은시상' 수상을 축하드립니다. 수상작 「당신 영혼의 소실」은 동료 시인들로부터 올해의 좋은 시로 많은 호응을 얻었습니다. 수상 소감문이 있지만, 짧게 인사 부탁드립니다.

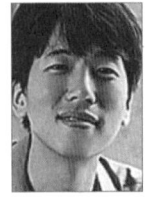 □ **황인찬**: 여러모로 부족함이 많은 저에게 정말 큰 힘이 되는 일입니다. 사실 시인들은 동료 시인들에게 인정받을 때 가장 큰 기쁨을 느끼는 것 같습니다. 저 또한 그랬습니다. 선정 과정에서 동료 시인들의 추천이 있었다는 사실이 저에게 큰 응원이 되었습니다. 하지만 제가 가장 좋은 시를 썼다고 생각하지는 않습니다. 좋은 시를 쓰는 수많은 동료 시인들과 기쁨을 나누고 싶습니다.

■ **최규리**: 저도 「당신 영혼의 소실」을 의미 있게 읽었는데요. 저의 영혼은 과연 어디에 머물고 있을까. 잠시 생각해 봤습니다. 로그아웃 되어버린 영혼은 '고무나무 한 그루'로 형상화되고 있습니다. 이 작품에 대해서 말씀해 주세요.

2023년 12월 22일 : 황인찬, 최규리
카페 : 타인 나 자신

□ **황인찬**: 삶에 대한 실감이 점점 희박해지고 있습니다. 참담한 소식들이 화면 너머로 전해지지만, 그 모든 비극은 화면을 들여다 보는 동안만 잠시 현실로 여겨질 뿐입니다. 또한 성장에 대한 기대가 사라져 버린 오늘날, 우리가 삶의 실감을 얻기란 더더욱 어려울 것입니다.

이 시는 웹소설에서 유행하는 장르인 게임 소설로부터 아이디어를 얻었습니다. 거기서는 주인공의 성장이 모두 분명한 수치를 통해 묘사됩니다. 몬스터를 쓰러트리면 경험치를 얻고 레벨업을 하며, 좋은 무기를 얻으면 나의 능력이 성장합니다. 성장과 성취를 실감하기 어려운 세대에게 분명한 성장의 즐거움을 제공하고 있는 것입니다.

한편 게임은 죽음이 없는 세계이기도 합니다. 아즈마 히로키 등의 논자들이 이미 이야기한 것처럼 게임에서의 죽음은 게임의

재시작을 의미하기도 하는데요. 죽지 않고 무한히 재시작하며 성장하는 이야기라는 것이 저에게는 어쩐지 끔찍하고 무서운 것으로 여겨지기도 했습니다. 정말로 죽지 않는 것은 플레이어가 아니라 이야기 자체, 혹은 게임 그 자체이기도 할 것입니다. 플레이어인 우리는 그 안에서 끝없이 죽음과 재시작을 강요받고 있는 셈입니다.

그렇게 게임을 비롯한 몇 가지 서브컬처의 아이디어를 통해 떠오른 이야기를 시로 풀어내고 싶었습니다. 사라져 버린 삶의 실감, 어디선가 들려오는 내가 이미 죽었다는 메시지, 그리고 더는 부활하지 않겠다는 거절의 태도까지, 그것들이 어쩌면 우리 삶에 대한 은유가 될 수 있으리라 생각했습니다.

■ **최규리**: 흔히, 사람이 죽으면 혼이 빠져나간다는 말을 들어왔지만, 저는 영혼과 육체는 분리될 수 없다고 생각합니다. 즉, 시간과 공간 또한 분리될 수 없겠죠. 하지만, 시에서는 육체와 영혼을 잠재적으로 분리하고 있습니다. '신'이라는 현실 바깥의 존재를 부여함으로 현실 세계를 강하게 부정하고 있으며, 죽은 자아를 지켜보는 시적 화자를 통해 소실된 자아를 경험하게 해줍니다. 오해의 연속인 삶 속에서 육체라는 오해, 나 자신과 끊임없는 실패가 결국 영혼의 죽음을 목격하게 되는데요. 여기에서 중요한 것은 '시선'이 아닐까, 생각합니다. '타자'의 시선으로 바라보는 '자아'에 대하여 우리는 어떤 고민을 해야 할까요?

□ **황인찬**: 시에서 영혼이나 신이라는 말을 자주 사용하지만, 저는 영혼이나 신을 믿지 않습니다. 다만 우리가 감각하는 현실을 이해하기 위한 좋은 장치라고 여길 따름입니다. 영혼이나 신을 경유할 때, 우리는 쉽게 우리 자신을 부감할 수 있을 테니까요. 말씀하신 '시선'이라는 것 또한 바로 그러한 뜻에서 사용하신 말이라 짐작합니다. 그러나 거기서 우리가 특정한 어떤 고민을 해야만 한다고는 생각하지 않습니다. 그저 바라보는 것, 나 자신으로부터 잠시

떨어져 보는 것, 우선은 거기에서 시작하는 일이 중요하다고 생각합니다. 그 뒤에 어떤 일이 일어나는지는 다시 한번 지켜봐야 하겠지요.

■ **최규리**: 최근 네 번째 시집 『이걸 내 마음이라고 하자』(문학동네, 2023)를 펴내셨는데요. 또 한 번 축하드립니다. 이번 수상 작품과 무관하지 않다는 생각이 듭니다. 자신의 마음을 명확히 말하지 않음은, 자신을 타자화하는 작업을 통해서 자기 객관화를 시키는 태도로 볼 수 있을까요? 무엇인가를 '가정'해 봐야 하는 것. 혼돈의 이 세계에서 자기 검열은 어떻게 이루어져야 할까요?

□ **황인찬**: "이걸 내 마음이라고 하자"는 말은 오히려 결심을 하는 일에 가깝습니다. 설령 그것이 아무리 임의적인 것이라 하더라도, 잠시 떠올랐다가 금세 사라져 버릴 감정이라고 하더라도 그것을 명료하게 언어화함으로써 일시적인 나의 입장을 만들어 내는 일이라고도 할 수 있을 것입니다. 말씀하신 자기 검열이 자기 인식을 의미하는 것이라면 제가 말씀드리고자 하는 바와 같은 의미겠군요. 앞서의 답변과 비슷한 것이 될지도 모르겠습니다만, 어떤 마음을 갖느냐 하는 것이 중요하다고 생각하지 않습니다. 중요한 것은 결심 그 자체이며, 결심을 하겠다는 태도일 것입니다.

■ **최규리**: 이 시대는 증명의 세계입니다. 자기 자신을 증명해야 합니다. 과거에 '믿음'을 '강요'하던 세계에서 이제는 믿음이 존재하지 '않음'을 '인정'하는 세계가 되었다고 생각합니다. 불확실성을 인정하는 것이 어쩌면 가장 자신을 솔직하게 바라보는 것인지도 모르겠죠. 우리에게 믿음의 부재, 정체성의 부재는 어떤 방식으로 극복해 가는 것이 좋을까요?

□ **황인찬**: 시란 물론 자기 자신에 대해 말하는 일이긴 하지만, 어쩌면 우리가 너무 '나'에 대해서만 이야기하는 것은 아닐까 생각

이 들기도 합니다. 세계가 그토록 불확실한 것이라면 우리가 진정 관심을 둬야 하는 것은 '나'의 바깥에 있는 것이 아닐까요? 타인의 존재를 가까스로 알아차리는 것, 결코 이해할 수 없을 타자의 고통을 마주함으로써 우리가 함께 살아갈 방법을 모색하는 것, 그것이 어쩌면 '나'를 지키는 가장 좋은 방법일지도 모르겠습니다. 저의 시 쓰기 역시 그렇게 '나' 아닌 것들, '나'의 바깥에 있는 것들을 알아차리고 마주하는 일이 되기를 바라고 있습니다.

■ **최규리**: 「구관조 씻기기」의 새를 다루는 방법, "씻길 필요가 없는 것"을 씻기기 위한 자기 검증과 「단 하나의 백자로」와 「희지의 세계」에서의 혼자 살고 있는 화자. 수상작 「당신 영혼의 소실」에서도 '1인용' 식탁이 그려집니다. 너무나 평범한 풍경, 보통의 세계입니다. 익숙한 풍경 속에서 시인의 낯선 시선은 '혼자 살아가는' 현실에 대한 재인식을 갖게 합니다. 도무지 사라지지 않는 '혼자'에 대한 마음. 되풀이되는 질문들. "단 하나의 순간도 모두 사라져가는 것"과 "나는 여전히 나로 남아 있는" "이상하고 신기한 마음"에 대해 부연 설명을 해주세요.

□ **황인찬**: 시를 처음 쓸 무렵에는 시란 세계로부터 자유로워지는 일이라고 생각했습니다. 시의 언어는 한없이 가볍고, 시가 포착하는 세계는 지면으로부터 살짝 떠 있는 것처럼 여겨졌습니다. 그리고 저의 시 쓰기 역시 그처럼 자유로움을 향해 움직이는 일이 되어야 한다고 생각했습니다. 그러나 시를 쓰면서 알게 된 것은 시의 자유란 시의 자유의 불가능을 의미하는 것이며, 시 쓰기란 그 불가능을 헤아리는 일이라는 점이었습니다. 시가 자유를 향해 움직일수록, 시의 자유의 불가능을 헤아릴수록 선명해지는 것은, 시의 자유로움 바깥에 있는 것들, 불편하고 어색하며 무거운 타인의 얼굴이었습니다. 시가 익숙한 것들 사이에서 낯선 것을 발견하는 일이라면, 그것은 평범한 풍경으로부터 벗어나는 것이 아니라, 오히려 그 평범한 풍경 안으로 적극적으로 들어가는

일이 될 것입니다.

■ **최규리**: 세 번째 시집 『사랑을 위한 되풀이』에서도 '지난 봄', '지난 여름' 등 자주 기억을 소환하고 있습니다. 이번 수상작 「당신 영혼의 소실」에서도 '회상'을 하게 되죠. 과거가 지닌 삶의 연속성은 미래에 대한 불안을 대체하고 있으며 현재는 가상의 공간으로, '가정해 보는 행위'로 나타나는 것 같습니다. 되풀이되는 현실과 반복되는 일상이 '사랑'이라는 대체 불가능한 언어로 다가갈 때 우리는 '위로'를 얻을 수도 있겠습니다. '사랑'이라는 감정에 대해 궁금합니다.

□ **황인찬**: 문학 행위란 결국 기억에 대한 일일 수밖에 없을 것입니다. 눈앞에 있는 타인조차도 결국 우리 안의 과거에 속할 수밖에 없으니까요. 그런 점에서 문학은 시간성을 강하게 의식할 수밖에 없습니다.
사랑도 그렇습니다. 우리가 사랑하는 대상은 모두 과거에 있으며, 사랑이란 그리워하는 일과 마찬가지입니다. 그러나 사랑은, 삶은 과거를 바라보면서 미래를 소망하고 그리는 일의 연속이지요. 저의 시가 기억을 현재에 소환하는 것도, 그리고 때로 미래 시제의 문장들을 적극적으로 사용하는 것도, 삶에 대한 그런 태도와 연관 되어 있습니다.

■ **최규리**: 오디오클립의 작가연재 〈황인찬의 읽고 쓰는 삶〉에 대하여 이야기를 들어보고 싶습니다. 시인님의 목소리가 참 좋다는 생각을 해왔는데요. 오디오로 듣는 시인의 목소리는 시와 독자(청취자)와의 거리를 좁히며 시를 온전히 받아들일 자세를 갖게 합니다. 100회를 끝으로 잠시 휴식기를 가지고 계시는데요. 매주 연재하며 기억에 남는 에피소드가 있어요?

□ **황인찬**: 시를 혼자 읽고, 혼자 이야기하는 일이었다 보니 에피

소드라고 할 만한 것이 따로 생기지는 않았습니다. 하지만 수년째 오디오클립을 비롯하여 여러 매체를 통해서 시에 대해 말하는 일들을 계속하는 동안, 시에 대해 말하는 일이 저에게 얼마나 즐거운 일인지 알게 되었습니다. 좋아하는 시, 좋은 시에 대해서 말하는 일이라면 얼마든지 몇 시간이고 계속할 수도 있습니다.

■ **최규리**: 100회 마무리를 하며 〈시는 왜 읽는 것일까〉라는 제목으로 구성하였는데요. 시인과 독자 모두에게 꼭 필요한 이야기라는 생각을 합니다. 시인광장 독자들에게 다시 한번 들려주세요.

□ **황인찬**: 그때의 원고가 남아 있어, 일부를 아래 옮기겠습니다.

"문학은, 그중에서도 특히 시는 참 내밀한 영역에 속하는 예술 양식이라는 점 또한 시의 매력일 것 같습니다. 아주 내밀한 층위에서 할 수 있는 깊은 소통이라는 것이 시의 좋은 점이고, 사실 그런 깊은 소통이 불가능하다는 사실을 깨닫게 되는 것 또한 시의 좋은 점일 것입니다. 지금껏 만난 적 없는 새로운 아름다움을 만난다는 기쁨, 그리고 그 아름다움을 사실은 온전히 이해하는 것이 불가능하다는 사실에서 얻게 되는 또 다른 종류의 희열 같은 것이 시에는 있는 거죠. 여러분은 지금까지 함께 읽고 생각한 시들을 보며 어떤 생각을 또 하셨는지 궁금합니다. 서로 생각이 겹치는 순간도 있고, 또 아주 다른 생각을 하게 되는 순간들도 있었을 텐데요. 그 만남과 엇갈림 모두가 시의 아름다움이자 우리가 함께 사는 일의 아름다움 아닐까 싶습니다. 저는 시를 쓰는 사람이니, 제가 쓰는 시 또한 그렇게 여러분과 잠시 만났다가 다시 또 엇갈리고, 잠시 이해했다가 또 한편으로는 이해받지 않는다면 더없이 기쁠 것 같습니다."

■ **최규리**: 지금까지의 질문에 답해주셔서 감사합니다. 앞으로의 계획에 대하여 말씀해 주세요.

▫ **황인찬**: 지금까지 그래왔던 것처럼 열심히 쓰고 읽으며 살아갈 계획입니다. 다만 요즘에는 그림책을 비롯한 아동 문학을 열심히 공부하고 있기도 합니다. 시인으로서 열심히 시를 읽고 쓰는 한편으로, 시 바깥의 것들과 더 적극적으로 마주하고 싶습니다. 그 모든 일들이 저의 시 쓰기에, 그리고 저 자신의 삶에 큰 보탬이 되리라 기대하고 있습니다.

■ **최규리**: 네. 그림책은 상상의 언어입니다. 시 바깥의 것들이 곧 시의 세계인데요. 시가 시로만 존재한다면, 시의 운명은 죽음이라고 감히 말하고 싶습니다. 시가 우리 안에서 움직이고 시의 바깥으로 전진 할 때, 그 때야 비로소 시가 되는 순간이 아닐까 생각합니다.
선생님의 귀한 시간과 말씀 감사합니다.

■ **황인찬 시인(제17회 올해의좋은시賞 수상자)**
2010년《현대문학》으로 등단. 시집으로 『구관조 씻기기』, 『희지의 세계』, 『사랑을 위한 되풀이』가 있음. 제31회 김수영 문학상 수상. 현재 〈는〉 동인으로 활동 중.

■ **최규리 시인(웹진 『시인광장』 편집장)**
2016년《시와세계》로 등단. 시집으로 『질문은 나를 위반한다』, 『인간 사슬』이 있음. 시와세계작품상 수상. 현 『시인광장』 편집장.

웹진 시인광장【Webzine Poetsplaza SINCE 2006】

강 주강재남고은진주
구석본권성훈김개미
김백겸김분홍김사리
김상미강 주강재남
고은진주구석본권성훈
김개미김백겸김분홍
김사리김상미강 주
강재남고은진주구석본
권성훈김개미김백겸
김분홍김사리김상미

상 주강재남고은진주
구석본권성훈김개미
김백겸김분홍
김사리김상미

01
⋮
10

상 주강재남
은진주구석본
권성훈김개미
김백겸김분홍
김사리김상미강 주
강재남고은진주구석본

소원에게 물 주기

강 주

하나의 소원이 두 개가 되고 세 개가 되고……끝없이 증식한대. 간절했던 소원이 끔찍해지는 거야. 소원에 갇혀 질식하는 거지. 소원은 깊고 출렁여서 헤어나올 수 없대. 결국은 가라앉고 말아. 대부분의 죽음은 소원 때문이야. 하지만 그걸 눈치채는 사람은 흔치 않아. 아무도 모를 수 있지. 소원은 보이지 않고 말하지 않고 조용히 잎사귀를 넓히니까. 종려나무와 나무 사이에 걸려 있는 소원을 본 적 있어. 돌멩이로 쌓아 올린 소원도. 잿더미처럼 흩날리는 소원도. 선인장 가시에 맺혀 있는 소원도. 모두 같으면서 다른 소원이지. 팔꿈치를 굽힐 때마다 소원이 쏟아지지. 보이지 않는 소원과 말하지 않은 소원의 미래 같아. 조금씩 키가 자라는 스투키를 옮기듯 소원은 여기에서 저기로 옮아가며 이유 없이 자라고 이유 없이 죽곤 해. 소원의 최후이자 최선 같아. 이루어진 소원은 죽는 걸까. 이루어지지 않아서 죽는 걸까. 침엽과 활엽으로 나뉘는 기준처럼 울창하고 자연스럽지. 소원을 통제하려고 인간을 복제했대. 복제 인간에게 소원을 투입하고 쏟아지는 소원은 폐기되지. 소원을 소원하려고 먼 우주로 날아가. 광활한 미지가 필요하니까. 무수한 소원에 둘러싸이면 소원은 소원인지도 모르니까. 조그만 유리병에 작은 씨앗처럼 전시된 소원을 봤어. 소원에게 물을 주고 빛을 쬐며 정성을 쏟았지. 마치 한 그루의 나무인 것처럼. 없는 모양을 그려주고 색을 입혔어. 무럭무럭 자라줘. 나를 뚫고 나와줘. 소원은 어떻게 이루어지는 거야?

월간 《상상인》 2023년 7월호

강 주

강원도 동해에서 출생. 2016년 계간 《시산맥》 신인상으로 등단. 동주문학상 수상시집 『흰 개 옮겨 적기』(도서출판 달을쏘다)가 있음. 2019년 대산창작기금 수혜. 정남진 신인시문학상, 제5회 동주문학상 등을 수상.

당신이 잘 있으면 나는 잘 있습니다

강재남

안녕이라는 차갑고 한가로운 말을 흘려보냅니다. 지금은 비가 오고 문득 비의 기원은 변덕스러운 초여름이라는 것을 그리고 담벼락에 장미가 만발한 것을 깨닫는 순간입니다. 꽃봉오리가 차례를 기다리는 순정한 계절입니다. 먼저 핀 꽃이 먼저 시드는 성스러운 담장을 가졌습니다. 일찍 살다 가는 것들에 손 흔드는 한낮입니다. 잠시 상실한 꽃의 마음이 되어 세상 끝으로 갑니다. 지금은 비가 오고 당신은 노래를 부릅니다. 매혹적인 아버지, 푸른 담벼락에 다정한 노래가 굴러다닙니다. 노래는 알지 못하는 요일을 지나 달개비 꽃병을 지나 산도라지 제비꽃 등성이를 돌아 나옵니다. 쪽빛으로 물들어 가는 곳이 당신의 거처입니다. 그리움의 색이 이러하다고 말한 당신은 먼저 간 꽃을 먼저 기다립니다. 그러면서 안녕, 안녕히, 중얼거리며 화병에 꽃을 꽂습니다. 오래된 꽃은 박제된 기억이 됩니다. 말라가는 전생을 꽃은 알기나 할까요. 꽃잎에 비의 문장을 채웁니다. 노래가 굴러다니는 곳마다 알지 못하는 요일이 지나고 무심한 날이 지나고 깊고 서늘한 이름이 지납니다. 당신이 짚었던 길을 내 발자국으로 눌러봅니다. 당신은 한낮이 되거나 일기 밖으로 스며듭니다.

반년간지 《두레문학》 2019년 상반기호

강재남
경남 통영에서 출생. 2010년 《시문학》으로 등단. 시집 『이상하고 아름다운』(세종도서문학나눔 선정)과 『아무도 모르게 그늘이 자랐다』가 있음. 한국문화예술 유망작가창작지원금 수혜. 한국동서문학작품상, 동주문학상 수상.

구름과 귀와 이빨의 잠

고은진주

휴지 한 통을 찢어놓고
두 귀와 숨이 들락거리는
배가 잔다, 삼각뿔 같은 잠

개의 잠은 정해진 무늬가 없어
바짝 마른 들판이 되었다가
밭고랑 넘어가는 언덕이 되기도 한다

구름은 귀가 없고 엎드린 개는
구름을 덮지 못하고
소리는 쉬파리 같이
개의 두 귓속에서 까닥거린다

구름은 개가 물고 찢은 흔적 위로 떠다닌다
소화가 덜된 발음으로 이를 갈아도
곁에서 멀어지지 않는다
잠의 천적이 된 적은 더더욱 없다

손님이 없는 점포가 넘어가게 생겼는데
일몰의 잠을 잔다, 개는
동쪽의 부스럭대는 소리를 듣고
서쪽 꼬리로 코를 곤다

어느새 이슬점에 도달한 잠

잠에도 온도가 있다

귀와 이빨의 습도가 같고
구름과 졸음의 곡선이 맞아떨어질 것
귀밑머리 엥엥 회전하는 하품
머리를 번쩍, 들었다 조용히
기울어지는 꼭지가 잠의 쉼터다

이빨 자국 가득한 소나기가 멍멍멍 내린다
아무리 불러도 개는 흩어지지 않는다

고은진주
2018년 『농민신문』, 《시인수첩》으로 등단. 시집으로 『아슬하게 맹목적인 나날』, 〈5·18문학상〉 신인상과 〈여수해양문학상〉 대상 수상.

고독의 얼굴

구석본

내가 나를 증명하려면 이력서를 내야 했다
그대 정면에서 보여주는 무기력한 표정,
고양이의 몸짓, 각질이 된 분노,
진면목眞面目으로도
'나'를 증명할 수 없었다.

이제 이력서의 나를 지우는 시간,
비로소 내가 보인다
아침이면 머문 자리를 지워서
허공이 되는 달과 별,
노을 너머 제 홀로 깊어 가는 어둠,
오오, 저무는 삼라만상의 맑고 푸른 그늘이
우주의 거울이 되어 나를 비춘다

처음의 진면목이 안에서 떠오른다
수평선 너머에서 솟아오르는 빛처럼
뼈대만 남은 나의 얼굴이 보인다
고독의 자화상이
내 안의 백지에 서서히 그려진다.

계간《시산맥》2023년 여름호

구석본
1975년《시문학》등단.〈대한민국문학상〉등을 수상. 시집『지상의 그리운 섬』,
『고독과 오독에 대한 에필로그』등이 있음. 시해설집『시여, 다시 그리움으로』
등이 있음.

성씨들의 모국어

권성훈

참이슬을 마시다가 참이 이슬의 성씨라는 것을 알았다
참은 사실이나 진리에 어긋남이 없이 옳고 바른 것
김씨도 이씨도 박씨도 참이슬 앞에서는
참으로 고개 숙여 가는
한잔의 사람 한병의 사람
탐욕을 이어온 성씨를 버리고 나서
원래 성씨가 없던 족보의 빈칸으로 간다
모두가 여백 위에 뒤섞인 우리는
우리가 누군지 모르고 모른다는 사실도 모르고
동그랗게 맺힌 이슬 같은 사연만이 빈 병의 증언이 된다
오래 참아온 울음을 웃음으로
고이 간직한 부끄러움을 자랑스러움으로
참사람을 힘주어 주문한다
불안도 치욕도 건배로 꺾고 또 꺾는
거기서 누구나 흔들리며 다시 태어난다
진리값이 높아 갈수록, 참나
명제로 통하는 두 병 세 병 진열되는 어둠을
이미 짙어진 참으로 밝히면서 돌아가라
지금은 습득된 언어를 잊어가며 모국어를 찾아가는
모두가 서약서 없는 맹세로만 충만할 때

계간 《실천문학》 2023년 여름호

권성훈
2002년 《문학과 의식》으로 시, 2013년 『작가세계』로 평론 신인상 당선. 저서로는 시집으로 『밤은 밤을 열면서』 외 2권과 기타 저서 『시치료의 이론과 실제』, 『폭력적 타자와 분열하는 주체들』, 『정신분석 시인의 얼굴』, 『현대시 미학 산책』, 『현대시조의 도그마 너머』 등이 있음. 현재 웹진 『시인광장』 편집위원. 경기대학교 교수.

결국 수정액도 페인트 아니겠어?

김개미

습도는 높고
구름은 가까이에서 검은색이었다
벽지 속에는
크랙이 일가를 이루고 있었다

벽을 칠하는 동안
나는 아주 더러웠다
그러나 샤워를 다섯 번이나 하는 날도 있어서
나는 아주 깨끗했다

어떤 때는 라디오를 켜야 했고
어떤 때는 라디오를 꺼야 했다
어떤 때는 전화를 받아야 했고
어떤 때는 전화를 안 받아야 했다

페인트칠을 하면 좋은 점은
아무 생각도 안 난다는 것이다
가끔 붓을 내려 놓아도 아무 생각이 안 나 괴로울 때도 있었는데 그건
생각이 나서 괴로운 것보다 덜 괴로웠다

내가 붓을 들면
페인트에 날개가 돋아
내 어깨에도 정수리에도 날아가 앉았다

동공 속으로 뛰어든 페인트 방울은
아직도 앉을 곳을 찾고 있을 것이다

예상하지 못한 것은 고양이
고양이는 칠한 벽에서 쥐를 찾아 뛰어다녔다
눈알처럼 반짝이는 페인트 방울을 핥아먹었다
고양이가 고양이가 아니었으면 화를 냈을 것이다

나를 괴롭히는 건 칠할 벽이 아니라
칠한 벽이었다
칠한 벽이 자꾸만
칠할 벽으로 바뀌었다
완성이란 타협의 다른 표현일 뿐
페인트의 세계에도 완성이란 없었다

에이스와 요구르트를 먹으며 자주 쉬었다
어디서 비행기가 천둥 같은 소리를 냈다

손톱을 두 번 깎고 붓을 말렸다

계간 《시로 여는 세상》 2021년 가을호

김개미
2005년 《시와 반시》로 등단. 시집 『앵무새 재우기』, 『자면서도 다 듣는 애인 아』, 『악마는 어디서 게으름을 피우는가』, 『작은 신』을 출간.

대전부루스가 대전역 도착을 알리는 지하철

김백겸

몽상 학인이 시를 3시간 만에 쓸 수는 있으나 수많은 가수들이 리바이벌하는 성공작을 만들기는 어려우니 대중의 시- 대전부루스가 클래식한 시보다 그 생명의 길다는 생각
 자본사회의 가치는 시장가격으로 매겨지니 메이저 잡지사 원고료 10만원이 공정가격인 시의 가치는 정부의 기초예술지원 문화예술진흥기금으로 목구멍에 풀칠하고 있으니 그 신세가 처량하다는 생각
 2020년 말 가장 수입이 작은 직업이 시인-신부-수녀의 순이었으니 왕년의 정신적 가치였던 시와 종교의 위상이었지
 21세기 세익스피어나 단테같은 천재들이 나타나지 않으니 현재의 문화 보수가 적정시장가격일지도 모르겠다는 생각

몽상 학인이 클래식과 가곡과 월드팝 까지만 듣고 뽕짝 가요를 듣는 것은 문청의 수치라 생각하던 시절도 있었는데 말이지
 그러나 강제로 들어오는 대전부루스의 트롯 선율은 대전에서 자란 소년과 대전에서 청춘을 보낸 몽상 학인의 무의식에 문신처럼 새겨져 있지
 대전 지하철이 생기면서 대전역에 도착하는 시그널로 대전부르스가 흘러나오니 추억은 충남도지사 관사가 있는 대흥동 뒷골목에서 도청을 향해 가다가 우회전해서 은행동거리를 거쳐 60년대의 대전역 광장까지 이어졌던 기억
 포도주 같은 트로트의 리듬을 멋모르고 마신 소년이 대흥동 골목길을 방황하게 하던 대전부루스의 기억

50년 후 지하철이 대전역에 도착하면 대전부루스 멜로디가 도착을 알리고 있는 순간의 한 장면
몽상 학인은 게임 현실의 회전목마처럼 매일경제를 사고 커피 한잔을 마신 후 검은 서류가방을 들고 서울행 KTX를 타고 갔던가
정년퇴직 후에도 3년 계약직으로 생계를 놓지 못한 몽상 학인이 출장을 가면서 회고하는 그 옛날 대전부루스의 기억
채권과 주식시세를 들여다보고 있는 현실인이 눈물로 이별을 고할 대상이 기차바퀴처럼 굴러간 세월을 물끄러미 들여다보고 있는 대전부루스의 기억
기차는 제 시각에 도착하고 기차는 예정대로 출발하는 죽음의 은유였음을 인생의 황혼에 깨달았던 대전부르스의 기억

2022년 9월, 시간의 플랫폼에서 대전부루스가 다시 들리니 색으로 기억하는 옛날 음악이 대전시 대흥동 집 파란 대문에 걸려 있네
거실의 이중 유리창에 단풍 이파리 그림자가 무섭게 흔들리니 세월이 보낸 폭풍이 있음을 몽상 학인이 알아차린다
구름 코끼리가 하늘을 세월처럼 질러서 가니 입학 소년과 졸업 노인이 같은 사람이었음을 몽상 학인이 문득 깨닫는다
과거의 홍안소년이 세수를 하려고 세면대에 손을 담그는 순간, 거울 속의 백발 노인이 슬픔과 이별이 사라진 현재를 참혹하게 바라본다
몽상 학인은 대전 부르스의 멜로디가 구천을 떠도는 귀신처럼 침묵의 바르도(bardo)속으로 메아리처럼 사라지는 청맹과니를 경험한다

반년간《엄브렐라》2022년 상반기호

김백겸

1953년 대전에서 출생. 충남대학교 경영학과와 경영대학원 졸업. 1983년《서울신문》신춘문예 등단. 시집으로 『비를 주제로한 서정별곡』, 『가슴에 앉친 산하나』, 『북소리』, 『비밀 방』, 『비밀정원』, 『기호의 고고학』 등이 있음. 웹진 『시인광장』 主幹 역임. 현재 〈시험〉, 〈화요문학〉동인. 대전시인협회상, 충남시인협회상 수상.

끝까지 서랍

김분홍

칸의 마디를 여닫는 명분이 많은 어둠에도
손잡이가 있을까
네모의 귀퉁이를 가졌기에
삼각 김밥의 의미와는 다른 모서리가 있을 거야

닫힌 서랍은 비밀이 열릴까 봐 초조하고
열린 서랍은 무엇을 증명하려고 애썼지만
비밀은 결코 서랍 속에 넣어두는 것이 아니라서

손가락에 채워진 애인의 자물쇠를 풀어줄게

숨기는 나와 탐색하는 너
속이 활짝 펼쳐진 하늘 아래 속을 숨긴 우린 누워 있어

뒤집어진 하늘이 줄줄 샌 걸까
문고리를 잡아당겨도 문은 열리지 않고 후드득 빗방울이 떨어졌어
바닥에 젖은 지문들
수납법을 알려주지 않는다고 손잡이를 탓해선 곤란해

정리는
연 사람만 닫을 수 있어

닫힌 사람을 두드려 보는 것

자꾸만 삼각으로 쏠리는 마음이 엉켜 있어 정리하고 싶은 얼굴

끝까지 열어야 하는 거니, 닫아야 하는 거니

월간 《상상인》 2022년 1월호

김분홍
2015년 《국제신문》 신춘문예 당선. 시집 『눈 속에 꽃나무를 심다』가 있음.

당신의 선택권

김사리

여자는 전시실의 일부였다. 제1관은 작은 눈물방울, 기억이라는 얼룩이 부화해서 꽃송이가 되었다. 꽃대 위에서 영근 꽃송이는 신비로웠다. 제2관은 언어발달사를 중심으로 무언극이 펼쳐졌다. 첫울음이 옹알이로, 자기중심적 언어는 젓가락으로 총으로 인형의 친구로 역할 마임이 펼쳐졌다.

제3관, 제4관은 소녀기와 청년기를 거치는 시기별 여자가, 제5관을 거쳐 부위별 여자가 전시되었다. 가장 쓸모없는 부위는 잔머리, 가장 활발한 부위는 저장장소가 불확실한 감당하기 벅찬 마음이었다. 미용실을 나서는 순간 김리사가 되고 침실에서 김세라, 직장에선 김샘이 되었다. 수업이 많아질수록 꾀꼬리는 침팬지로 변해가고 허리가 두루뭉술, 엉덩이가 펑퍼짐해 가려야 할 부위별 의상이 더욱 정교해졌다.

제6관은 선택하고 대가를 지불하는 게임 방식. 우정을 선택하면 사랑이 울고, 부모를 선택하면 형제를 등져야 했다. 남편은 우선순위를 원했지만 언제나 넘쳐나는 일 다음 순위였다. 엄마보다는 가장을 선택하고 집을 넓히는 등 몰입도 높은 선택과 집중을 하다 보면 다음, 다음이 눈앞에 도래했다.

마지막 관에 다다르자 안내방송이 흘러나왔다.
"여기까지 오신 것을 환영합니다. 당신의 모든 선택권은 소멸되었습니다. 다시는 문밖으로 나갈 수 없습니다. 함구하고 자신의 귀를 책망하시길 바랍니다. 행복은 마음먹기 나름. 돌발행동이나

간섭 따위는 인생을 망치는 지름길. 주변과의 조화는 최상의 밑그림입니다. 돌이나 식물이 되어보는 건 어떨까요? 이 관은 가상 체험 시뮬레이션으로 준비되어 있습니다"

  가품이던 김사리가 진품으로 인정받는 날을 기대하며 여자는 미래형 모델이 전시된 요양원을 휠체어를 타고 두루 관람했다.

월간《시인들》2023년 3호

김사리
2014년 《시와 사상》으로 등단, 시집 『파이데이』가 있음.

어제의 창문

김상미

나는 어제의 사람.
어제의 여자, 어제의 사랑.
모든 내일의 그림들을 끌어 모아
어제의 벽에 붙이는 사람.
언제나 어제 속에만 기거하는 사람.
함께 노는 사람들도, 시도, 음악도, 놀이터도, 책도
모든 게 다 어제의 것들뿐.
아무리 오늘의 태양 아래 나를 발가벗겨 세워 놓아도
나를 태우는 건 오늘의 태양이 아니라 어제의 남은 빛들.
어제의 꿈, 어제의 이야기들.

나는 내일이 무엇인지 모르기에
피투성이 암흑 속을 걷고 또 걸어
오늘의 수돗물에 피 묻은 몸을 씻고
어제의 꿈들로 내 몸을 소독하는 사람.
그 틈새를 비집고 들어오는 내일의 열렬한 정사情事에도
오늘 불붙어 타오르는 열정에도
누군가의 뜨겁고 지독한 훈수에도 상관없이
묵묵히 피투성이 암흑 속을 걷고 또 걸어서 어제로 가는 사람.
가고 또 가도 그 길이 그 길이고
세상 최악의 불청객인 내일의 빛들이
불타는 내 희망 속에 숨죽인 꿈들을 산산조각 내어도

나는 그냥 어제처럼 왈츠나 추며

쓰러진 자들은 손 내밀어 일으켜 세워주고
목마른 자들에겐 내 피를 마시게 해주고
벌벌 떠는 자들에겐 내 외투를 벗어주고
길 잃은 자들에겐 친절한 길을 가리켜주며

계속되는 4분의 3박자의 그 리듬 속에서
그 리듬이 열어 보이는 새 봄과 푸른 꽃으로 뒤덮인 초원과
목숨이 아홉 개인 길고양이들이 몇 백 년 된 탄식의 나무 위에서
한껏 몸 부풀리며 밟는 그 스텝 속에서
어제의, 어제의, 어제의 숙녀들처럼 환히 웃는 사람.

내일의 피투성이 문명은 죽은 자들의 뼈 위에서 끊임없이 세워질 테고
오늘의 피투성이 사랑은 그것을 토해낸 자들의 입술 위에서 다시 태어날 테니
나는 그저 어제의 리듬대로 왈츠나 추며
검은 시간의 유리잔 안에 들어 있는 죄 많은 모래 알갱이들이
날마다 '내일'이라는 환상을 퍼 올리다 주저앉은 사람들의 머리 위로
하염없이 쏟아지는 걸 바라보는 사람.

어차피 내일이란 뼛속까지 악해야만 살아남을 수 있는 곳.

그들과 상관없이 나는 어제로 가는 사람.
언제나 가파른 어제의 층계를 오르내리며
이 세상 모든 지나간 꿈들을 모아 왈츠나 추는 사람.
어디에나 있고, 어디에도 없는 내일의 비명들이
가차 없이 닫아버린 어제의 창문.

계간 《문학과 사람》 2018년 겨울호

김상미
1990년 《작가세계》로 등단. 시집으로 『모자는 인간을 만든다』, 『검은, 소나기떼』, 『잡히지 않는 나비』, 『우린 아무 관계도 아니에요』, 『갈수록 자연이 되어가는 여자』 와 산문집 『아버지, 당신도 어머니가 그립습니까』, 『오늘은 바람이 좋아, 살아야겠다』 등이 있음. 박인환문학상, 시와표현작품상, 지리산문학상, 전봉건문학상 수상.

김성백 김송포 김숙영
김신용 김영찬 김왕노
김조민 김주옥 김태경
김혜천 김성백 김송포
김숙영 김신용 김영찬
김왕노 김조민 김찬옥
김태경 김혜천 김성백
김송포 김숙영 김신용
김영찬 김왕노 김조민
김주옥 김태경 김혜천

김성백김송포김숙영
김신용김영찬김왕노
김조민김찬옥
김태경김혜천
김성백김송포
김숙영김신용
김영찬김왕노
김조민김찬옥
김태경김혜천김성백
김송포김숙영김신용

11
⋮
↓
20

그늘흔

김성백

소포를 열자
여름이 들어있었다

그림자는 먼저 움직이지 않는 자
어떤 그림자는 생각해선 안 될 것을 생각하다가 다치곤 한다
노랑에 맞서는 여우팥처럼

털을 생각하다니
여름은 계절이 아니라 짐승이 아닐까

여름을 꺼내자 그림자만 남았다

그림자가 생각을 갖게 되거든
그림자에 못을 박아두어야지
팔월의 그늘에 들어선 그림자는 더 두꺼워졌을까
녹아버렸을까

그림자 없는 소년과 그림자뿐인 소녀가 서로를 발굴했다
  한 겹씩 벗겨낼 때마다 소리를 질렀다 유물처럼 과거에 대해서
만 말했다
  그해,

두 입술은 아주 더디게 지워졌고
쌍니은처럼 닮아갔다

똑같은 꼬리를 나누어 가진 우리는
바닥에 너무 오래 있어서 나는 법을 잊어버린 펭귄처럼 뒤뚱거렸다
서로에게 앞자리를 양보하듯 무릎을 꿇고서

상처는 아무는 게 아니라 노을처럼 저무는 거라고 바람이 말했던가
전생의 깊이를 재던 유목의 수호신이 말했던가
얘들아, 더 가난해져야지
경계마저 버리고 자유로워져야지
지층 깊숙이 울음을 파묻던 쌍니은은 그제야
그림자에서 그늘로 넘어갔다

꼬리에게 물려본 사람은 안다
여름에서 하나씩 버리면
어른이 되지

그늘은 빛을 죽이는 꿈을 꾸었다
한 번도 본 적 없는 제 창조주를
기다림이 어두울수록 끄트머리가 헐거워지는 그늘의 실패

그날,
절반의 피조물
더 진해진 여름이 멸망하고 있었다

웹진《문장》2022년 10월호

김성백
건국대학교 영문학과 졸업. 2018년《시현실》로 등단. 아르코문학창작기금(발표지원) 수혜, 이형기디카시상 수상.

그렇다고 해도, 궤와 변

김송포

궤라고 하면 의례적인 행사에서 예법을 따르는 것,
왕실의 위상을 세우고 신하는 백성의 삶을 돌보는 것

누가 의궤를 상세히 들여다보았냐고요

행사는 행사일 뿐 물품은 물품일 뿐
글자로 간극을 그렸다죠

우리에겐 질서가 있어요 안락함도 있어요 잔치도 있어요

그렇다고 해도 그런데도

입에서 나온 궤와 변은 함께 존재한다고 해요
품격이 지배하고 있나요
오로지 왕을 위해 만든 책을 의궤에서 볼 수 있다죠

그렇다면

수없이 나오는 책의 변은 어디에 담겨야 할까요

반달 서림에 갈래요
궤에 담긴 변을 들으러 가요
문장의 박동 소리와 두근거림을 현장에서 들으려고요

궤변은 여기서 끝나지 않아요
소주와 막걸리 중간쯤 혀 속의 변이 줄줄 샌다고 하죠
사람이든 사물이든 사건이든
즐거운 책 속의 반전
궤짝으로 들어가야 볼 수 있다는

계간 《사이펀》 2023년 가을호

김송포
2013년 《시문학》으로 등단. 시집으로 『집게』, 『부탁해요 곡절 씨』, 『우리의 소통은 로큰 롤』이 있음. 포항소재문학상, 푸른시학상 수상. 제1회 상상인 시집창작지원금 수혜. 현재 '성남FM방송' 라디오 문학전문프로 〈김송포의 시향〉을 진행

폐소공포증

김숙영

  엘리베이터 문이 열리면 3초 동안의 공포, 그 앞에서의 짧은 기도와 주문이 반복됐지 매번 발끝이 닿지 않는 상상을 하곤 했어. 출구는 있는데 비상구와 계단이 없는 한 뼘 남짓한 네모 상자, 문이 닫히는 순간 상상은 시작되지, 절정은 순간에 오르는 것이 아니라 계속 떨어지면서 생긴다는 상상…

  슬프지도 않은데 가슴이 두근거리고 기쁘지도 않은데 낯선 기류에 몸이 둘러싸이지, 어떤 체위로도 닿을 수 없는 너와의 거리, 빌어먹을 사랑이 공포라니,

  한번은 낯선 시선이 애도하듯 나를 흘겨보았어, 검은 새의 단단한 부리가 곧 나를 낭떠러지로 밀어버릴 것만 같았지 사람과 사랑은 바닥이 없어, 그건 너 하고의 밤도 마찬가지야

  넌 1에서 10까지만 세면 괜찮다고 했지. 그런데 그거 아니? 10까지가 얼마나 먼 세계인지, 이제 너의 손을 잡아도 떨리지 않아, 너는 나의 엘리베이터이니까

계간 《모던포엠》 2023년 8월호

김숙영
2019년 《열린시학》 등단. 시집 『별들이 노크해도 난 창문을 열 수 없고』가 있음. 제15회 바다문학상, 제1회 천태문학상 대상 수상.

진흙쿠키를 굽는 시간 5

김신용

검은 새떼가 보이는 날이 있다 자욱하다 땅거미인가
눈을 비벼 봐도 마치 비문증처럼 커다란 얼룩이 떠다닌다
안개 같다 농무현상이라면 무적霧笛이라도 있을 텐데 사위가 조용하다
적막이다 비박 같은 고요다 갑자기 뼛속으로 냉기가 회오리친다는 말이 실감난다
얇은 피부의, 낡은 흙벽을 파고드는 영하 20℃의 추위를 견디기 위해
방에 텐트를 친 것 같다 상자 속에 상자가 든 것 같은
텐트 안에 누우면 시야는, 궁형이다
공중을 떠다니는 검은 새 떼의 막 같은, 궁형의 공간—.
시야는 타원형의 알 속에 웅크린다. 깨어지지 않는 적막은, 돌 속이다
삼엽충 화석이 몸을 웅크리고 있다 몇천 년을 지난 것 같다
탁본은 몸의 뢴트겐이다 뼈의 지도를 그리고 있는 새의 조상彫像이 선명하다
앙상한, 내면의 길들이 방사형으로 뻗어나간다
거미줄, 거미줄 같기도 하다 손으로 거둬내면 켜켜이 낀 먼지가 흘러내린다
어디선가 무적이 들린 것 같기도 하다 문을 열고 나가면 길이 보일 듯하다
그 환청 속에 자욱한 새 떼, 검은 새 떼들—, 날아올라 또 길을 지운다
이 위태로운 벼랑에서의 비박飛泊—, 이것이 생이라면

그래 생이라면, 알을 닮은 궁형의 공간이 궁핍에게 먹일 최후의
식량 같다
돌 속에 누운 삼엽충 화석이 눈을 뜬다
다시 무적—,
한때 곁에 누웠던 몸의 온기가 느껴진다
몸의 탁본이 되어 있는, 36.5℃의 체온이 따뜻하다

계간《시와 경계》 2019년 여름호

김신용
1945년 부산에서 출생. 1988년 시 전문 무크지《현대시사상》으로 등단. 저서로
는 시집 『버려진 사람들』(1988) 등과 장편소설 『달은 어디에 있나 1,2』 등이 있
음. 2013년 제6회 시인광장 선정 올해의좋은시상 등을 수상.

썸머타임 프리패스 Summertime free pass

김영찬

나는
나는, 나다
나니나니 니나나 나는 나와 다른 음색
각자의 뉘앙스로 우리는 서로 다른 최애最愛를 위하여

'질문이 답이 되어 돌아올 때' 까지 기다린다

기다리고 기다리다가 기다림의 생크림이 설탕물 녹아서
레게노, 레게노
레전드legend의 영웅적인 손동작의 끝
거기에
'킹리적 갓심' 만 남길 거라고

글쎄요~, 글쎄

(king이라는 이치에도 안 맞는 니가, 그대가 갓god심 어린 갓을
쓰고 적나라赤裸裸한 적개심 그게 '합리적 의심' 이라면)

테레제 말파티*에게 물어보나마나
귀먹은 베토벤은
엘리제한테도 가보라고 심지어 귀차르디*한테도 똑같은 대응
피아노 소나타를 쓰겠지

니나니나 니니니~, 니들은 느그들만의 아가페

57

얼음의 정령들은 바닐라아이스크림이 되어 아무데서나 헤프게 녹는다
혀끝에 녹아 북반구의 반대쪽 이빠네마 해수욕장 파라솔 아래
올 들어 가장 게으르고 무책임한
1월의 태양과 맞닥뜨릴 것이다

챙 넓은 차양모자에 이마를 가리고
슬프도록 아찔한 키스로 난생 처음 검게 탄 알몸에
전신의 문신을 새길 것이다
니나니나 니나나~, 먼 곳에 대한 그리움은 전혜린의 슈바빙*
안개 자욱한 페른베Frenweh*에서
태양을 향해 마지막 불화살을 쏘아 올릴 나는,
우리는
내남없이

한없이 하찮고도 갈 곳 없는
질문에
추문같이 추하거나 어쭙잖은 시詩처럼 시시껄렁하지 않도록
눈웃음 그대로를
썸머타임 프리패스Summertime free pass!

주(註)
 *레게노 : LEGEND의 D를 O로 바꿔 LEGENO로 읽은 것으로 레전드legend 즉, 전설 등을 의미한다.
 *킹리kingly : 왕의, 왕과 같은, 왕에게 어울릴 법한
 *테레제 말파티 : 베토벤의 「피아노 소나타 24번」은 "테레제를 위하여" 라는 별칭을 갖고 있다. 베토벤이 한때 열렬하게 좋아했던 여인, 테레제 말파티.
 *엘리제 : 베토벤의 「피아노 독주를 위한 바가텔 25번 A단조」는 부제인 "엘리제를 위하여" 로 더 유명하다.
 *귀차르디 : 베토벤은 짧은 기간이지만 사랑에 깊이 빠졌던 자신의 제자 줄리에타 귀차르디에게 「피아노 소나타 14번, 월광」을 헌정했다.
 *이빠네마 : 브라질 리우데자네이루의 해변 이름
 *전혜린의 슈바빙 : 전혜린은 뮌헨대학에서 5년간 유학하며 슈바빙 거리에 대한 향수를 수필집 『그리고 아무 말도 하지 않았다』에 적었다.

*페른베Frenweh : '먼 곳에 대한 그리움'이라는 뜻을 담은 독일어.

계간 《시사사》 2021년 가을호

김영찬
충남 연기에서 출생. 외국어대 프랑스語과 졸업. 2002년 《문학마당》과 2003년 《정신과 표현》에 작품들을 발표하며 작품활동 시작. 『불멸을 힐끗 쳐다보다』와 『투투섬에 안 간 이유』가 있음. 웹진 『시인광장』 주간 역임.

사랑별
- 늙은 사랑에게

김왕노

1
이제 불 같은 사랑을 꿈꾸지 않겠다. 늙은 사랑아
상처를 보고 울고불고 하며
사랑은 이래야만 한다고 내세우지도 않겠다.
조용히 연고를 발라주거나 상처를 어루만져 줄뿐
가지런한 옥수수를 보며 내 것이라기보다
당신 것이라 고집하며 상할 때까지 그대로 두지 않겠다.
옛날처럼 기다린다고 먼 길 끝에서
석죽화처럼 피어 바람에 홀로 나부끼지 않겠다.

별빛이 첫눈처럼 소복이 창가에 쌓여가는 밤
당신을 넓고 주름진 등을 긁어주며
미쳐 산란하듯 청춘의 지느러미가 너덜거리도록
사랑했던 때를 이제 그리워하지 않겠다.
한 때 혼인 색을 띤 연어가 모천을 찾듯
뜨거운 사랑의 보금자리를 찾아 가는 여정이 있었지만

사랑은 불변이고 미래나 과거 현재가 없고
언제나 익어갈 뿐이라 했지만
생명이 있는 사랑이기에 사랑은 태어나고 살아가고
늙는 것이 엄연한 현실이므로
늙었으므로 힘없으나 나직한 목소리, 따뜻한 눈빛으로

부른다 해서 사랑이 아니겠느냐
내 이념에 동의하라며 함께 이념서적을 읽자던
낯선 밤은 이제 오지 않아 아쉽지만 늙은 사랑아

이제 나 떠난 빈자리에 홀로 남아
나를 기다리며 그립다고 빨리 돌아오라 하지 않으나
늙은 사랑아, 섬섬옥수로 심은 꽃이 피었다 질 때마다
갈무리하는 분꽃 씨앗이 우리 사랑의 증표인 것을
하늘을 솥 삼아 내가 좋아하는 별수제비 쒀놓겠다는
꿈도 늙어갔지만 날마다 별이 초롱초롱 빛나듯 우리 꿈은 빛난다.

2
늙은 사랑아, 사랑은 늙어가지만 멸종되는 동식물이 아닌 것
잘린 고목에서 새싹이 돋듯
사랑아, 늙어가더라도 사랑을 하면 황무지 같고
끝물이 온 날 같아도 새벽이 오고 새싹이 돋는다고 믿자.
사랑의 기적이란 사랑이 그 무엇을 이루는 것이 아니라
사랑이 사랑으로 이어지는 사랑의 연대기가 기적이다.

사랑아, 늙은 사랑아, 사랑은 이벤트도 아니고 게임도 아니지만
전쟁 같은 사랑도 있고 목숨을 건 사랑도 있다는데
그것은 사랑이라기보다 사랑을 쟁취하는 방법일 뿐
사랑으로 만든 배가 있고 사랑으로 만든 우주선이 있고
사랑으로 기른 수천수만 평에 물결치는 보리밭이 있고
사랑으로 기른 카나리아의 울음은 아름다워
메이드 인 사랑이란 제품은 우아하고 아름답고 강할 수밖에 없다.

사랑아, 늙은 사랑아, 늙었다고 생각되는 날은 기차를 타고

가스등 푸른 밤이 있는 동해로 가든지
이난영의 노래가 바다 위에 메아리치는 목포로 가든지
순풍 타는 배를 타고 갈라파고스군도로 이어도로
케이프타운으로 지중해로 가든지 가서 닻을 내리면
굽었던 허리가 꼿꼿이 펴지고 푸른 꿈이 주렁주렁 열린다.

사랑이 늙어가더라도 간헐적으로 화산이 폭발하듯
우리 감정도 터져 오르고 망설임 없이 옛날처럼 우리가
이 세상에 온 이유가 서로 사랑하러 온 것이라 해도 무리가 없다.
지구의 나날은 지구의 종말이 올 때까지 사랑의 나날이라고
사람이 할 수 있는 가장 쉬운 일이 사랑이고 가장 어려운
일이 사랑이란 말이 떠돌아도 오로지 세상은 사랑뿐이다

3
사랑아, 늙어가는 사랑아
사랑이 늙어가더라도 사랑의 유효기간은 없다.
공소시효도 없다. 사랑이란 번지수는 불변이다.
개념 없는 광장, 개념 없는 관공서, 개념 없는 중앙
개념 없는 당국, 개념 없는 가로수, 개념이 없는 정책 속에서도
사랑아. 내 늙은 사랑아. 늙어가도 사랑의 노선은 불변이다.
늙은 사랑의 노래, 늙은 사랑의 꿈, 늙은 사랑의 낭만아
늙은 사랑의 포구야, 강물아, 늙은 사랑의 자작나무야, 사랑은
간다.

빵을 굽는 늙은 사랑의 밤에 멀리고 떠나는 기차소리, 백학을
휘파람으로 부는 소리, 별이 익어가는 소리 속에
충격을 가하지 않아도 없이 분열을 거듭하는 사랑의 세포
한번 태운 담배꽁초처럼 길바닥에 툭 던져버릴 사랑 같지만
어느 세기에도 사랑은 울었으나 조용히 늙어가는 사랑도 있었
지만

사랑을 빙자해 꿈을 갈취하는 것은 사랑에 대한 모독이자 죄악이다.
하여 한번 온 사랑은 제발 떠나지 말기를, 사랑아, 늙은 사랑아

4
수목에 사시사철이 있으나 사랑에 사시사철이 없다.
언제나 사랑은 끝이 없는 한철이다.
사랑에게는 생로병사가 없고 오로지 생로만 있다 하자, 늙은 사랑아
사랑을 백년사랑, 천년사랑, 불멸의 사랑이라지만
사랑은 무거우나 가벼우나 통 틀어 무한 사랑이라 하자.
인류가 끝나고 지구가 끝나더라도
사랑은 남아 우주의 불씨가 된다 하자.
어떤 시간에도 구애받지 않는 것이 사랑이고
사랑은 죽음도 시간도 다 초월하는 것이라 생각하자.
다만 사랑은 늙어갈 뿐 끝나지 않는 사랑이라 하자.

늙은 사랑아, 밤새 넘칠 듯 만수위로 차올라 출렁거리는 저 물소리
우리 사랑에게 보내는 갈채라 하자.
별이 익어가는 소리
저 호랑가시나무 이파리가 파닥이는 것도 갈채라고 하자.
오늘 밤 나는 객잔의 창에 달빛으로 그림자를 새기며 철철철 우는
인중이 긴 북방여치 같은 얼굴로 늙어가는 사랑을 생각한다.
늙은 사랑을 위한 시 한편을 생각한다.
푸른 횃대에 오른 닭이 홰를 치는 새벽이 아니지만
우리의 사랑은 샛강에 피어오르는 안개 같은 사랑
늙어가기에 더 사랑스러운 사랑이다. 늙어가는 사랑아

5
우주에서 유일하게 사랑이 있는 곳, 사랑이란 말이 꽃 피는 곳
나는 지구라 부르고 사랑별이라 적는다.
약하면 없다하고 강하면 폭력이라 오해도 받는 사랑이지만
나는 지구를 사랑이 사는 가장 아름다운 행성이라고도 부른다.

웹진《시인광장》 2023년 7월호 발표

김왕노

경북 포항에서 출생. 1992년《매일신문》 신춘문예 당선되어 등단. 시집으로
『황금을 만드는 임금과 새를 만드는 시인』 외에 다수 있음. 제 11회 웹진 시인광
장 선정 올해의좋은시상 등을 수상. 현재 웹진 『시인광장』 발행인 겸 편집인. 시
인축구단 글발 단장, 한국 디카시 상임이사, 한국시인협회 부회장.

017

아직 겨울이라 나의 언어는 빈약합니다

김조민

겨울이 되면 이 거리는 바람으로 가득합니다
사람들은 서둘러 얼굴을 감싸 쥔 채 거리를 떠났고
떠나지 못한 지난 계절의 부스러기가
알 수 없는 소문과
더 낡아버린 보도블록 사이 죽은 비둘기와
벌어진 틈을 찾지 못해 죽지 못한 비둘기들이
바람 속에서 닳고 있습니다 나는
이 헛된 거리의 웅덩이에 쪼그려 앉아
늙어가는 바람의 형식을 존경의 눈으로 바라봅니다
나는 아무 말 하지 않았어요 단지
왔다가 가 버렸고 다시 오지 않는 신념들에 대해
허우적거리는 자음과 모음에 대해
아직 새벽 여섯 시가 되지 않아 잠들지 못하는
단어들의 불평에 대해
바람에 귀를 기울이지만 들리는 것은
오로지 바람뿐이라 나의 언어는 빈약합니다

웹진 『님』 2023년 3월호

김조민
2013년 계간 《서정시학》 신인상을 통해 등단. 2019년 미래서정 문학상 수상.
현재 GBN경북방송 편집위원. 현재 웹진 『시인광장』 편집 부주간.

스리슬쩍, 사과

김찬옥

르네가 피운 사과꽃을 보셨나요?
벨기에산 사람의 나무에 사과가 열렸어요

풋 내음으로 살찐 연둣빛깔의 아오리!

반백 년을 넘게 한 자리에 있어도
루사도 매미도 저 사과만은 따지 못했나 봅니다

한 세계를 담은 어떤 기호와도 같이
눈코입이 뭉쳐져 한 알의 사과로 열렸어요

붉은빛 한 점 찾을 수 없는
어느 연인의 풋밤 같은 사과!
어설픈 사랑의 문을 두드리듯
떫은 손으로 그 꼭지를 비틀어 봐요

몇억 광년을 거슬러 올라
태초를 알리는 사람의 머리통은 아니었는지
칼을 대지 않고 쪼개보아도 될까요

사람의 나무에
사과 한 알만 덩그러니 열려
눈 코 입이 다 닫히고 말았어요
창밖은 꽃이 한창인데 왜 벌 나비 하나 날아들지 않을까요?

몸이 뻣뻣하게 굳어버린 사람의 아들
중절모 속에 숨어있는 또 다른 우주

사과밭을 경작한 진짜 주인을 본 일이 없으니
뱀의 혀끝에서 사과 꽃이 피었다 한들 어찌 따져 물을 수 있겠어요
황무지엔 사람의 나무를 옮겨 심을 수 없어
사람의 눈에 박힌 사과를 스리슬쩍 겁 없이 딸 수밖에 없었지요
제 눈엔 오직 푸르딩딩한 사과, 당신의 의도와는 상관없으니까요
해와 달도 지켜보기만 하던 사과를
난해한 바람마저 비켜 갈 수밖에 없는 사과를
난 무지의 손톱밖에 가진 게 없어
감히 그 꼭지를 비틀었어요

색채와 음악이 흐르는 어수선한 틈을 타
수리수리 사과를 훔쳐 먹고 말았어요
제 입속에서 과즙이 스르르 기어나와요
난 그만, 에덴동산에서 살던 뱀을
어느 미술관에 풀어주고 말았어요

웹진《시인광장》2022년 11월호

김찬옥
1996년《현대시학》등단. 시집으로 『가끔은 몸살을 앓고 싶다』, 『물의 지붕』, 『벚꽃 고양이』와 수필집 『사랑이라면 그만큼의 거리에서』가 있음.

무리한

김태경

이처럼 뜨거운 게 여름만은 아니라서

한 곳으로 걷고 있다 목적지는 없었는데 도로를 질주하는 차 뒷모습이 익숙하다 어제 같은 오늘 밤이 또다시 어제가 된다 틈틈이 돌아눕는 너의 인사는 편안한지 어제가 변주되면 기억은 좀 달랐을까 붕괴된 어느 시간에 향수라도 뿌릴 거야 목소리를 채우는 게 먼지는 아니어야지 우리 일화가 사라진다 불 속 같은 한 때라서

계절이 도드라지게 걷는 길도 한 방향이다

계간 《상상인》 2023년 여름호

김태경
2014년 《열린시학》 평론 등단, 2017년 《매일신문》 신춘문예 시조 당선, 평론집 『숲과 기억』이 있음, '객' 동인. 현재 웹진 『시인광장』 편집위원으로 활동 중.

원근법으로 다가가는 성소

김혜천

겁의 겁

잠자리가 바위로 날개를 쳐
가루가 될 때까지 걷고 걸어 도착한
여기 지구는
푸르고 건조하고 습하다

태생부터 위태로운 착지

무수한 체념의 골짜기마다 이슬 맺히고
자주 길 잃고 절벽 앞에 섰던 망명의 길

그 길에서
시詩 만남은 백천만겁난조우百千萬劫難遭遇

돌아가리라

내 안에서 섧게 빛나는 원래의 자리를 향해
허물 벗으며 벗으며 가리라

온몸에 젖어 들어 채색된 그리움은
새로운 출발의 동력

쓰리고 아팠던 파동의 음영을

정진의 강물로 지우며
발자국마다 투명하고 서툰 문자 남기며

잠자리 날아가는 폐곡선을 따라서

웹진《님Nim》2023년 9월호

김혜천
서울에서 출생. 2015년《시문학》신인우수작품상을 통해 등단. 시집 『첫 문장을 비문으로 적는다』가 있음. 2017년 이어도문학상 등을 수상. 2022년《시산맥》창작지원금 수혜.

김효은나금숙류인서
맹문재문정영문정희
문지아박성준박수현
박완호김효은나금숙
류인서맹문재문정영
문정희문지아박성준
박수현박완호김효은
나금숙류인서맹문지
문정영문정희문지아
박성준박수현박완호

김효은나금숙류인서
맹문재문정영문정희
문지아박성준
박수현박완호
김효은나금숙
류인서맹문재
문정영문정희
문지아박성준
박수현박완호김효은
나금숙류인서맹문재

21
⋮
↓
30

소식

김효은

햇살이 비친다 유리문 안쪽에는 화분 하나가 놓여 있다 말라붙은 꽃잎들 한 계절이 폐기될 예정이다 유리문 너머에는 가로수 하나가 낙엽들 다 떨구고 앙상하게 거리를 지키고 서 있다 가로수와 화분은 투명한 경계를 사이에 두고 여러 계절을 함께 통과해 왔을 것이다 꽃잎과 잎사귀와 줄기들이 모두 서로를 향해 이울던 날들이 있었을 것이다 아슬아슬했던 장마와 지난했던 가뭄과 거칠었던 태풍을 경유했지만 금방이라도 바스라질 것처럼 이제 그 둘은 어떤 소실점을 향해 가 닿는다 시선은 건조하고 서로를 향해 뻗었던 잎새들 다 떨어진다 마주 선 각도마저 더러 어색하거나 서서히 무관심해진다 조급하게 안달하고 동요했던 화분 속 식물만이 먼저 죽음을 향해간다 식물은 말라붙은 꽃을 상장처럼 매달고 수직으로 화분 안에 담겨 있다 동물은 곁에서 임종을 지키는 이가 없어도 대부분 수평으로 누워서 죽는다 화분 속 식물은 가로수의 시선 안에서도 기어이 직립으로 죽는다 열매도 씨앗도 없이 박제된 꽃의 미소가 창백하다 화분과 가로수를 사이에 두고 유리창 너머에서 저녁이 유입된다 가로수의 부피만큼 매일의 햇빛과 노을은 화분에게 덜 도달했을 것이다 가로수는 나목이 되어도 화분을 애도하며 죽는 시늉만 하다가 내년 봄에는 하나 둘 새 잎새를 매달고 다른 나무 다른 화분과 시선을 주고 받겠지 새로운 꽃과 열매를 맺고 새 낙엽을 떨구겠지 노을이 경계의 안과 밖 금간 기류를 채우려고 유리문 안쪽에 고여 유독 짙어지다가 흘러내리듯 흔적 없이 사라진다 그림자가 길어지고 화분이 남은 숨을 사력을 다해 몰아 쉰다 그림자마저 가쁘게 사라지면 뿌리도 아귀힘을 푼다 흙의 색이 연해진다 가로수는 화분과 작별한다 한 계절이 지나간다

가을과 겨울 사이 상강 지나 만추가 지나간다 유리문 안에 사는 사람이 서랍에서 커다란 종량제 봉투를 꺼내 구겨진 빨래처럼 털어 펼친다 화분을 비운다 흙은 순장된다 가로수가 바람에 흔들린다 가로수가 바람을 흔드는 것인지도 모른다 지난 여름 새로 생긴 옹이 하나가 딱딱하게 굳는다 여문다 어둠이 곧게 내린다 시월의 마지막 날이다

계간 《미네르바》 2022년 겨울호

김효은(金曉垠)
목포에서 출생, 2004년 《광주일보》 신춘문예 시로 등단, 2010 계간 《시에》 평론으로 등단. 저서로는 『아리아드네의 비명』, 『비익조의 시학』이 있음. 현재 『시인광장』 편집위원.

순간을 풀어주다

나금숙

물의 심장이 두근거리자
하늘엔 별꽃이 피기 시작했다
이 물을 자르고 들려면 세 명은 필요하다
물의 광장에 노을이 지고
모닥불이 피워지고
우리는 옥수수가루로 죽을 쑤어 날랐다
울지 말라고 해도 물은
괜찮을 거야라고 해도 물은
노래를 깨물었다
물의 지문은 흩어져
그의 다잉메시지는 프랙탈로 공중에 새겨졌다
순간을 움켜쥔 나무를
베어내 옮기던 임도林道에
묶여 있던 순간을 풀어준다
순간은 순식간에 튀쳐나간다
복제
해적판
불법 다운로드
물의 꿈이 복제되어 해적판으로 나가도
물은 행복하다
가난한 아이들 배고픈 새벽에
허리를 움켜쥐고
별을 다운로드 한다
물고기 비늘 같은 은하수를 만난다

땅 속이나 공중이나 하늘에서
물의 꿈은 행복하다
아이들 생피 같은
이슬 같은 물의 심장은 행복하다

계간 《예술가》 2023년 가을호

나금숙
2000년 《현대시학》으로 등단. 시집 『그 나무 아래로』와 『레일라 바래다주기』 등이 있음.

장미

류인서

그의 입에는 혀가 없다.
내가 조금씩 그것을 먹어버렸다.
이것은 조금씩 내가 말을 삼킨 것과는 별개의 일.
가시 이빨 저쪽, 방패처럼 목구멍을 막고 있는
꿈틀대는 붉은 살덩이는 그럼 무엇이냐.
질문의 방은 어항보다 깊어서
그는 지금도 빈 어항에다 허기를 봉인하려 애쓰고 있을 것이다.
혀가 없어진 줄 모르는 그는
여전히 혀로 사랑하고 혀로 어르고 혀로 흘금댄다.
하품 가득한 그 입 속에다
오늘 밤 누가 홍등을 켜두었구나
필라멘트가 끊어지지 않아도 어항의 불을 꺼버려야 할 때가 있다.
개폐기를 내리면서 나는
세상의 모든 밤들이 녹아 사라지는 허구의 순간을 생각한다.

계간 《시와 반시》 2022년 가을호

류인서
경북 영천에서 출생. 2001년 계간 《시와 시학》으로 등단. 시집에는 『그는 늘 왼쪽에 앉는다』 등이 있음. 2009년 제6회 육사시문학상 등을 수상.

사북 골목에서

맹문재

지난날의 항쟁을 지도 삼아
길을 알려주는 토민土民을 만나기도 하지만
작업복을 입은 아버지가 없기에
골목은 추상적이다

폭죽처럼 터지는 카지노의 불빛도
골목을 밝혀주지 못한다

폴짝폴짝 탄 먼지를 일으키며 걸어가던 아이들
사택 문을 열고 나오던 해진 옷 같은 아이들

나는 그 골목에서 아버지가 끓여주는 김치찌개를 먹으며
입갱하는 광차를
석탄이 달라붙은 도랑물을
"우리는 산업역군 보람에 산다"는 표어를
낯설게 바라보았다

마지막 방문이라고 다짐하고
골목 끝에서 뒤돌아보았을 때
아버지는 개집처럼 서 있었다

시집 『사북 골목에서』 2020년호

맹문재

1991년 《문학정신》 등단. 시집으로 『먼 길을 움직인다』, 『물고기에게 배우다』, 『책이 무거운 이유』, 『사과를 내밀다』, 『기륜 어린 양들』, 시론집으로 『한국 민중시 문학사』, 『지식인 시의 대상애』, 『현대시의 성숙과 지향』, 『시학의 변주』, 『만인보의 시학』, 『여성시의 대문자』, 『여성성의 시론』, 『시와 정치』, 『패스카드 시대의 휴머니즘 시』, 번역서로 『포유동물』, 전태일문학상, 윤상원문학상, 고산문학상, 효봉윤기정문학상 등 수상.

탄소발자국

문정영

나는 스무 살부터 만지는 장난을 좋아했다

여름을 신나게 만지다 가을을 놓치곤 했다

날마다 가지고 놀던 강의 눈매, 작은 풀꽃의 웃음, 느티나무의 바람

마흔 넘어서는 만질 수 없는 순한 시간들이었다

그때 만지던 것이 나의 젊음이었는지, 불안이었는지

그때마다 자꾸 밖으로 끌려가던 욕망들을 보았다

어떤 눈물은 만지지 않아도 흘렀고, 색깔이 검었다

눈동자를 잃어버린 저녁이 식탁 앞에 서서 기침을 했다

그 후로 性이란 호기심의 발자국이 탄소 가득한 거리를 맨발로 걸어 다녔다

사랑은 에너지를 연소하는 일,

서로를 원할 때마다 불완전한 발자국이 몸에 남았다

지금 지구의 눈물은 12시 5분 전

이제 장난칠 여름이 보이지 않는다

웹진 《님Nim》 2022년 10월호

문정영
1997년 《월간문학》으로 등단. 시집 『꽃들의 이별법』, 『두 번째 농담』 등이 있음. 현재 계간 『시산맥』 발행인.

6번 칸

문정희

어떤 나뭇잎은 기억처럼 굴러다니다가
내가 길을 걸어 갈 때
뜻밖에 부는 바람으로 내 옷깃을 쳐든다
암각화를 보기 위해 무르만스크행 기차를 탄
북구 여자의 6번 칸*에서
보드카에 취해 자꾸 말 걸어오는 사내를 본다
이윽고 핀란드 말로 사랑해!가 뭐냐고 그가 물었을 때
여자는 대답한다
하이스타 비투haista vittu! 엿 먹어!
내가 탄 배는 그때 난민 보트였던 것 같다
항구에 닿아도 기실 아는 이 없었다
바다에는 고래, 불쑥 두려움처럼 솟아나는
젊고 위험한 미시시피 시인들의 배에서
나는 자욱한 우울만 바라보고 있었다
그 때 한 시인이 내민 북구 시인의 시집
암각화처럼 어렵고 낯선 그 첫 문장을
18년이 지난 오늘에야 해독해 본다
혹시 엿 먹어!?는 아니겠지
고대 암각화 속에서 뭉클 솟아 오른
고래의 시
미나 라카스탄 시누아Mina rakastan sinua!
나는 당신을 사랑해!
푸우! 아직 푸른 잉크고래가 천년 늦게 당도했다

*6번 칸; 핀란드 유호 쿠오스마넨 감독 영화. 칸느(2021) 그랑프리

계간 《시산맥》 2023년 여름호

문정희
1969년 《월간문학》 등단. 시집으로 『문정희 시집』, 『새떼』, 『찔레』, 『하늘보다 먼 곳에 매인 그네』, 『오늘은 좀 추운 사랑도 좋다』 등, 수필집 『지상에 머무는 동안』 등, 현대문학상, 소월시문학상, 동국문학상, 정지용문학상, 시카다상, 육사시문학상, 목월문학상, 이육악문학상, 공초문학상 등 수상.

서시의 반대말도 모르는 서시
— 아버지 문충성 시인께

문지아

숨소리가 절필을 앞둔 것 같다
적절하고 합당한 시기에 바쳐야 할
마지막 눈물을 가둬야 한다
비가 움푹 그린 동그라미, 동그라미
하늘도 땅을 섬긴다는 영전靈前일까
당직처럼 남아 병실이 끓는 동안
아버지께 전공을 들킨 듯 다른 길을 간
가방 속 여권을 내려놓는다
포트가 감실대듯 쿡쿡 밭은 후에야
잊었던 커피 분말을 끄덕 쏟자
모래 위 뛰놀던 그 시절의 소녀가
놀이는 끝났다며 운동화를 벗고 다가온다
야금야금 뒤축의 피를 빠는 구두를 신고
벌써 두 달째 머무른 1103호실
처음엔 두터웠던 일력이 뜯겨 야위어질 때
마흔이 넘어서야 주워듣는 역설의 소리
절필이 아니라 시를 쓰는 새로운 숨소리
비로소 제주 바다의 풍랑이 옮겨 쓰는 서시

웹진《공정한시인의사회》 2023년 7월호

문지아
2023년《시사사》로 등단.

고덕

박성준

채희를 만나 술을 마신다

손톱이 사라지고 귀걸이가 사라지고 목걸이가 떨어지고 몇 장의 얼굴을 모두 넘기고 나니 커다란 숟가락의 오목한 면이

그를 잘 뒤집어 비추고 있다

채희는 더 이상 자라지 않기로 결심한 나무의 기분을 이해하게 되었다

젖이 돌기 시작한 포유류는 포옹하는 법부터 배운다 태어나자마자 사랑을 다 알고 있다는 듯

알리기 싫은 비밀들을 들킬까 봐 어린 것의 머리를 끌어안고 암컷은 고개를 숙여 얼굴에 그늘을 들였다

간간이 식당 구석 텔레비전 속에서는 짐승들이 울고, 절대로 끝이 나지 않을 것 같은 고백은 혼자를 더 혼자이게 한다

"이게 다 거짓말이라면 당신은 배우를 해도 되겠어"

채희와 채희가 있었던 자리를, 채희가 모르던 아름다운 장면을 모두 망치지 않기 위해 온몸으로 연습한 슬픔은 꼭 부력 같은 거

리감을 만든다

소문이 좁아진다

밤이 되면 모두 제자리로 돌아가 자신을 더 생각해야 하는 일에 몰두할 것을 알지만

채희는 그를 만나
술을 마시고 있다, 지금

그는 말수가 적어지고 눈빛이 희미해지고 그의 낯빛에는 나비가 펄럭거리기도 하지만 이곳이 낭떠러지라는 것을 채희는 믿고 싶지 않다

실내에는 죽은 나무가 있고 새들이 날아간 것 같은 흔적들이 곳곳에 돋아나 있다

그는 조금은 어른스러운 표정이 되었다

여전히 아름다운 사람을 잘 몰라 아름다워질 여백이 남아 있다

채희가 두고 온 의자에 다른 손님이 앉는다

계간《시작》2022년 여름호

박성준
2009년《문학과 사회》로 시 등단, 2013년『경향신문 신춘문예』평론 등단. 시집『몰아 쓴 일기』,『잘 모르는 사이』가 있음. 박인환문학상을 수상.

강릉

박수현

편지는 일년 만에 당도했다 작년 여름 바닷가에서 부친 편지였다 흰 봉투를 나이프로 뜯자 파도 소리 바람 소리와 함께 모래펄에 팬 낯선 발자국들이 동봉되어 있었다 내가 송부한 것은 눈부신 수평선과 수평선 끝에 눈썹처럼 걸린 흰 돛과 그보다 더 흰 팔월의 뭉게구름과 그 곁의 연필 밑그림 같은 낮달이었다 그런데 내가 평생 바다만 바라보는 해변의 낡은 우체통처럼 서서 받아 든 것은 도무지 기억나지 않는 신새벽 꿈 같은, 해식애(海蝕崖) 너머 알 수 없는 곳으로부터 와서 괭이갈매기 무수한 울음 너머 알 수 없는 곳으로 사라지는 내 청춘의 휘파람 소리뿐이었다 파도에 닳아 조금씩 없어지는 모래펄의 낯선 발자국 같은 휘파람 소리뿐이었다 한때 누군가의 연인이었을 이의 뒷모습이 어느 황폐한 별자리처럼 자꾸 어두워지는 그해 여름 강릉 앞바다, 또는 내 청춘의 불온하고 아름다운 미제 사건 파일

계간 《동리목월》 2023년 가을호

박수현
대구에서 출생. 경북대학교 사범대 영어과 졸업. 2003년 계간 《시안》으로 등단. 시집으로 『운문호 붕어찜』, 『복사뼈를 만지다』, 『샌드페인팅』 등이 있음. 2011년 서울문화재단 창작기금 수혜. 2018년 한국문화예술위원회 아르코 창작기금 수혜. 2020년 제4회 동천문학상 수상.

나무의 발성

박완호

씨앗이라고, 조그맣게 입을 오므리고
뿌리 쪽으로 가는 숨통을 가만히 연다.
새순이라고 줄기라고 천천히
좁은 구멍으로 숨을 불어 넣는다.
길어지는 팔다리를 쭉쭉 내뻗으며
 돋아나는 가지들을 허공 쪽으로
흔들어 본다. 흐릿해지는 하늘 빈자리
연두에서 초록으로 난 길을 트이며
이파리가 돋고 꽃송이들이 폭죽처럼 터지는 순간을 위해
아직은 나비와 새들을 불러들이지 않기로 한다.
다람쥐가 어깨를 밟고 가는 것도
 몰래 뱃속에 숨겨둔 도토리 개수가
몇 개인지 모르는 척 넘어가기로 한다.
하늘의 빈틈이 다 메워질 때쯤
무성한 가지들을 잘라내고 더는
빈 곳을 채워 나갈 의미를 찾지 못할 만큼
한 생애가 무르익었을 무렵
가지를 줄기를 밑동까지를 하나씩 비워가며
 기둥을 세우고 집을 만들고 울타리를 두르고
아무나 앉을 수 있는 의자와
몇 권의 책 빈 술병을 올려둘 자리를 준비한다.
그리고는 어느 한순간 잿더미로 남는
황홀한 꿈을 꾸기 시작하는 것이다
더는 아무것도 발음할 필요가 없는

바로 그 찰나, 나무는 비로소
한 그루 온전한 나무가 되는 것.

나-無라고,
아무에게도 들리지 않게 천천히 발음해 본다.

웹진 《님 Nim》 2023년 2월호

박완호
경희대학교 국어국문학과 졸업. 1991년 《동서문학》으로 등단. 시집으로 『기억을 만난 적 있나요?』, 『너무 많은 당신』, 『물의 낯에 지문을 새기다』, 『아내의 문신』, 『염소의 허기가 세상을 흔든다』, 『내 안의 흔들림』 등이 있음. 김춘수시문학상, 경희문학상 등을 수상. 현재 〈서쪽〉 동인으로 활동 중임.

박은정박지웅방민호
배세복배재경변의수
서영택선일재손석호
송용탁박은정박지웅
방민호배세복배재경
변의수서영택석민재
손석호송용탁박은정
박지웅방민호배세복
배재경변의수서영택
석민재손석호송용탁

박은정박지웅방민호
배세복배재경변의수
서영택석민재
손석호송용탁

31
⋮
40

박은정박지웅
방민호배세복
배재경변의수
서영택석민재
손석호송용탁박은정
박지웅방민호배세복

진흙 정원

박은정

몇 날 며칠 아이의 울음소리가 들렸지만, 사람들은 이 집을 방문하지 않는다.

여기서 잠을 좀 자고 가도 될까요?

집주인은 여자를 모르는 사람처럼 쳐다보다 아무 말 없이 보던 TV를 본다. 그렇게 한동안 화면을 보며 낄낄거리다가 여자에게 말했다. 애가 우는데 거기서 뭐해.

아이는 이 세상에 태어난 것이 서럽다는 듯, 힘껏 운다.

이 집은 언젠가부터 화분과 장판 밑에 벌레가 우글거리고 악취가 진동하여 방문객이 오지 않는다. 하지만 여자는 갈 곳이 없고 밖은 너무 추우니 집주인에게 허락을 구해야 하고

딱 하룻밤만 있을 곳이 필요해요.

집주인은 베란다 화단에 물을 주고 창밖을 바라보며 담배를 피운다. 그때 말이야. 대사를 까먹어 무대를 박차고 나간 배우는 여전히 연기를 하고 있을까?

혼자 울던 아이가 네 발로 기어 나와 여자를 보며, 더 크게 운다.

아이의 손발에는 진흙이 묻어있다. 이 아이의 울음 속으로 들어

가면 진흙 정원이 있을 것이다. 지지, 이런 곳에서 놀면 더러워지잖아. 이곳은 우리 집이 아니니까 얼른 나가자.

세상 어디에도 우리 집은 없다고 말할 수 없었지만

아이의 발자국이 여자의 주위를 돌며 찍힌다. 저 아이의 전부가 그녀에게 슬픔의 전부를 던져준다.

거실 소파에서 집주인은 코를 골며 잠이 들었다. 그의 손을 묶고 입속에 진흙을 쑤셔 넣었다. 자신이 죽이던 벌레처럼 사소하고 무의미하게 꿈틀거리는 그를 본다.

그때 말이야. 그 배우가 무대를 박차고 나가지 않았다면 계속 행복했을까?

정원에 구덩이를 파고 묻었다. 검붉은 나무들이 자라는 계절이 지나면, 아이는 집주인을 잊고 나를 엄마라고 부를지도 모른다.

여자는 아이를 안고 나오지 않는 젖을 물렸다. 시간이 지날수록 자라난 나무들이 집 안을 가득 채웠고, 아이를 보듬고 잠이 든 여자의 얼굴은 마지막 잠처럼 평온하다.

몇 날 며칠 아이의 울음소리가 들렸지만, 누구도 텅 빈 집에 대해서는 입을 열지 않았다.

계간 《시로 여는 세상》 2021년 봄호

박은정
2011년 《시인세계》 신인상으로 등단. 시집으로 『아무도 모르게 어른이 되어』 등이 있음.

물방울 속의 코끼리

박지웅

쪽잠 든 내가 낡은 판자처럼 꿈결에 휘감길 때
간이역 옆구리를 연신 이마로 밀어대는 목련나무

긴 상아에 넓은 귀 펄럭이는 흰 코끼리라는 홀연한 생각
생각할수록 물의 뒷면이 달아올라 끝내 흠칫흠칫 떨어지는데

지그시 물오른 생각의 물방울 하나 이리 들여다보니
나무 바깥으로 쿵쿵 꽃잎은 한 걸음씩 지고

쿵쿵 멀어지는 코끼리가 아니라면 밀려온 빙산 한 채
북극에서 봄날 공중으로 흘러온 목련은 하룻밤에 생겼다가
멀리 사라지지, 쿵쾅거리는 빙하건 물방울 속의 코끼리건

흰색은 뼈의 색, 뼛속에서 자라는 저릿저릿한 폭설의 색
지금껏 몸서리친 내 직장은 백지려니, 어느 잠결에 들었다
종이 속에서 쿠우웅- 무언가 올라오는 소리를

봄은 희고 큼지막한 벼랑을 안고 오는데
그 사이사이 펜 듯 달래듯 맺힌 꽃들이 팔다리에 옮겨 붙어
나는 얼음 같은 글자와 함께 아래로 굴러 내려오곤 했다

창가에 곧 터질 듯 물방울의 껍질 같은 달무리와
구겨진 구름 몇 뭉치가 파지처럼 굴러다니는 새벽하늘
옆구리 안쪽에 상아가 백미로 박혀 있곤 했다

시집 『나비가면』 문학동네 2021년

박지웅
2005년 《문화일보》 신춘문예. 시집 『너의 반은 꽃이다』, 『구름과 집 사이를 걸었다』, 『빈 손가락에 나비가 앉았다』, 산문집 『당신은 시를 쓰세요, 나는 고양이 밥을 줄테니』 등 지리산문학상, 천상병시문학상, 시와시학 젊은시인상, 전봉건시문학상, 이육사 문학상 등을 수상.

생각의 빛

방민호

나는 아직
세상을 모른다

2022년 9월 28일은
삼천 원에 할 수 있는 일들을 배운다

불광역 1번 출구
34년째 구두를 닦는 구둣집에서
헌 구두에 윤을 낸다

반짝반짝
빛나는 구두를 신고
시내로 나가는 전철을 탄다

경복궁역 7번 출구로 나오면
가을 하늘 아래
늠름한 광화문

너는 자유롭지 않느냐고,
오늘을 부디 잘 살라고 한다

반짝반짝
빛나는 구두가
새로 낸 큰 길 위를

힘차게 걸어간다

세종대왕과 이순신 장군은
누구 편도 아니고
우리 편이다

정감록에
나오는
님조선 편이다

나는
돈이 많지도
없지도 않다

반짝반짝 빛나는 구두를 신고
우리들 광장으로
걸어갈 뿐이다

단돈
삼천 원이
뚜벅뚜벅 걷는다

이 땅은
어진 사람들의
나라다

앤솔러지 『서울, 365일 시를 만나다』 2023년

방민호
2001년 《현대시》로 시 등단. 저서로는 시집으로 『숨은 벽』, 『내 고통은 바닷속 한방울의 공기도 되지 못했네』, 『나는 당신이 하고 싶은 말을 하고』 등이 있음. 현재 웹진 시인광장 편집주간.

는개라는 개

배세복

사내가 창밖을 내다보니
개 한 마리 벤치에 엎드려 있었다
젖은 몸이 어딜 쏘다니다 돌아왔는지
가로등 불빛에 쉽게 들통 났다
서서히 고개 돌려보니
곳곳에 개들이 눈에 띄었다
야외 체력단련기구 위에도
지친 여러 마리의 개들
차가운 철제 의자에 젖어 있었다

당신이 떠난 후로 습관처럼
밤은 또 개를 낳았다
그것들은 흐리고 가는 울음이다가
가끔은 말도 안 되게 짖기도 한다
어떤 밤은 안개라는 이름으로 부옇게
또 다른 밤은 번개로 울부짖다가
이 밤은 그냥 조용한 는개 된다
너는 개다 너는개다 너 는개다
이 정도면 키울 수 있겠다 싶어
사내가 불을 끈다 천천히 이불 당긴다

계간 《모던포엠》 2020년 8월호

배세복
2014년 《광주일보》 신춘문예 시부문 당선. 시집으로 『몬드리안의 담요』 등이 있음. 선경작가상 수상.

불구의 질문

배재경

간혹 엉뚱한 질문이 나를 당혹시킨다

그러고 보면 바보스런 질문에 질문을 성실히 키우지 못해
내 인생이 많이 쏟아져 갔다는 생각

하지만 그녀는 왜 나를 곤혹스럽게 하는가?

결혼을 앞둔 조카에게 이혼은 언제 할거냐
고, 묻는다거나
막 썸을 타는 딸에게 오늘 데려온 놈은 100일을 채울거냐
고, 따져본다면

허공에서 분사되는 태양처럼
내 얼굴은 열압탄으로 붉게 타오를거야

자기 어디가?
나?
바보, 너에게 가고 있잖아!

우리집 대문은 사라진지 오래다
달이 아무리 화장을 하여도 빛이 나지 않는 거리에서
우두커니,

자기 누구야?

계간 《시와징후》 2023년 가을호

배재경
1994년 《문학지평》과 2003년 《시인》지로 작품활동. 시집 『절망은 빵처럼 부풀고』, 『그는 그 방에서 천 년을 살았다』, 『하늘에서 울다』 등이 있음. 사이펀 발행인.

불의 주문

변의수

토마토는
사고의 대상이 아니다
토마토의 달고 신 맛
토마토의 태양
토마토의 시공간이 되는 일이다
- 토마토의 기교와 형식을 실험한 예술가에게

I

차단된
빛의 내부

찢겨나간
시공간의
몰락

은닉된
불꽃 속
예술가의 콤플렉스

II

공이 허공으로 튀어 올랐을 때
불길한 허공의 무한함에

생각지 않은 광활한 의문에
도달하지 못할 열망과
밀려드는 초조함에
벗어나지 못할
고뇌와
공포의,

발 아래 무한한 지평선에 경악하고
어찌할 바 모를,
무엇보다
아무런 창조적인 생각도 떠오르지 않는다는 사실이다

예정된 시공간을 향한 결말

Ⅲ

오렌지빛 두개골이 하품을 한다
마모된 사고들

오후의 구름이 균열한다
태양을 작도하는
빛의 항로

순간을 정박하는
불의 침묵,
햇살이 쏟아져 내린다

Ⅳ

파동치는 빛

시공간은 외침이다
액션을 욕망하는
뜨거움

시공간은 사고되지 않는다
사고는 시공간을 수축하고 파열한다
시공간을 무너뜨린다

V

느린 식사를 마친
길들이 모여드는 노을
망각의 평원에 기억이 숲을 이룬다

하오의 그늘이 휘어진다
돌아갈 궁극

곡률을 정의하는
빛이 잠시 침묵한다

미식가의 혀가 감식한
해감의 모래알

태양이 기우는 들판은 조용하다

시공간에 대한 생각은
그 이전도 마찬가지일 것이다

계간 《상징학연구소》 2022년 겨울호

변의수
1996년 《현대시학》으로 등단. 시집으로『먼 나라 추억의 도시』,『달이 뜨면 나무는 오르가슴이다』, 제3시집(장시)『비의식의 상징: 자연·정령·기호』, 제3시집(단시),『비의식의 상징』등이 있음. 상징학 연구소 발행인.

꽃잎의 시간

서영택

너는 없다
눈 마주치던 것들이 보이지 않는다

아무 일 없었다는 듯
꽃잎이 바닥에 내려와 있다

전기선을 보호하느라
잘라버린 벚꽃

벤치도 꽃을 피우나 보다

오지 않는 님을 기다리듯
누워있는 꽃잎

허공을 밀거나 밀리면서
강물이 밀려가듯 꽃잎의 시간이 쌓인다

누구나 전성시대는 있는 법

어떤 시간은 깨끗해지고
어떤 기억은 아직 꽃잎에 머물고 있다

꽃은 꽃이란 이름에서 떨어지고
새잎이 그 자리를 차지한다

피는 꽃과 지는 꽃이 돌고 돈다
누군가 떨어진 꽃잎을 쓸고 있다

계간 《상징학연구소》 2023년 가을호

서영택
2011년 《시산맥》으로 등단. 시집으로 『현동381번지』, 『돌 속의 울음』 등이 있음.

수련이 흔들리고

석민재

개구리 머리에는 개구리 세상이

내 머리에는 온 세상이

더 큰 그림은 아홉 시 방향

마음 바뀌면

수련 하나

그녀의 손이 그의 이마 위에 또다시
자유의 해가 뜨고 두통 위에 하얀 손수건

골리앗의 머리가 골리앗이 아니라면

전에 꾸었던 꿈

어려운 데로 떠난 개구리가

벽감에 있는 십자가가

기분에 따라 산다 기분에 따라 산다

물을 바른 것처럼 단정한 머리가

천천히 달려온다 내 것 가져가 손들과 손들을 둘 데가 없는 것
과

거대한 이마를 숙이면

수련 줄기가 기묘하게 뇌 안에서

계간 《시로 여는 세상》 2023년 봄호

석민재
경남 하동에서 출생. 2015년 《시와사상》으로 등단. 2017년 《세계일보》 신춘문
예 당선. 시집으로 『엄마는 나를 또 낳았다』가 있음. 현재 시인광장 편집위원.

스파이더맨

손석호

나는 도무지 책장이 넘어가지 않는 악의 꽃의 어느 페이지에 손가락을 꽂아 두고 있었고 형은 대자보를 붙이고 있었는데 잠자리가 우리의 여름방학처럼 거미줄에 달라붙어 퍼덕이고 있었어

형은 잠자릴 떼어 내 날려 보내며 말했지 겹겹이 둥글게 갇힌 과녁처럼 거미줄의 끈끈한 가로줄은 위험해 거미는 위험할 때 끈끈이 없는 세로줄을 타고 잽싸게 땅바닥으로 도망친대 거미도 가로줄엔 붙으니까

즐겁지는 않지만 우리는 오랫동안 거미줄보다 낮은 곳에 살고 있지 그렇다고 절대로 기어 다니지는 않아 주로 걷는 척 뛰어 다니지 높은 곳은 쳐다보지 않아서 줄이나 빽 같은 건 생각하지도 않았어

십 년 만에 만난 형은 이제 줄 타며 산다고 한다 손목에서 거미줄이 나오지 않아 한 뭉치의 세로줄을 둘러매고 다니며 공중에서 세로줄을 타고 땅바닥으로 도망치며 산다고, 이십 층 이상 올라가면 일당이 십만 원 올라간다고

문장《웹진》 2023년 10월호

손석호
2016년《주변인과 문학》등단. 시집으로 『나는 불타고 있다』. 공단문학상, 등대문학상 수상.

세계의 고아

송용탁

검은 개는 끝내 정물이 되지 못했다

꼬리가 몰래 웃어버렸거든

검정이 너무 많아서 만질 수 없었다

물감은 충분했는데 말야

화폭이란 편견이 시간의 뿌리에 닿았다

밤이라는 긴 거짓말을 알아버렸어

여태 검은 개를 안고 살았네

흰 눈동자의 시간은 추상이 된다

검은 털을 세상에 버리는, 붓질은

늘 외로운 질문이다

혼자라는 내부를 그려보고 싶었다

내 안에서 나를 부르는 사람이 있다

저 꼬리는 얼마나 즉물적인가

공중이 혼자 돈다

깜박깜박 흰 눈동자가 켜질 때마다

얼굴도 모르는 엄마가 웃었다

웹진《문장》 2022년 4월호

송용탁
1977년 부산에서 출생. 2021년《강원일보》신춘문예 당선되어 등단. 남구만신
인문학상 등을 수상.

송종규신용목신철규
심은섭안은숙안차애
양균원오정국우대식
우원호송종규신용목
신철규심은섭안은숙
안차애양균원오정국
우원식우원호송종규
신용목신철규심은섭
안은숙안차애양균원
오정국우대식우원호

송종규 신용목 신철규
심은섭 안은숙 안차애
양균원 오정국
우대식 우원호
송종규 신용목
신철규 심은섭
안은숙 안차애
양균원 오정국
우대식 우원호 송종규
신용목 신철규 심은섭

41
⋮
↓
50

닫히지 않는 입술처럼

송종규

꿈속에서 본 사람의 얼굴은 빛들의 얼룩으로 눈부셨지만 슬픔으로 터질 듯 보이기도 했지만 사실은 오래된 액자였던 거 같기도 하다
  넓은 들판에 사과나무가 있었는데 어쩌면 그것은 커다란 접시였던 거 같기도 하고 풍차였던 거 같기도 하다 꿈속에서는 공원의 벤치들이 햇빛을 받고 있는 여름 한낮이었는데 아버지는 두꺼운 외투를 걸치고 나가셨다
  방울토마토가 바구니 안에 소복한 꿈을 꾸었는데 그것은 햇살에 익어가는 맨드라미, 아니면 먼 바다 기슭의 하얀 포말이었던 거 같기도 하다
  꿈속에서 본 풍경들은 자주자주 엉뚱한 방식으로 진화하거나 번져나간다, 마치 뜨거운 마가린처럼 녹아서 형체도 없이 사라지기도 하는 그것은, 기억이나 환영 같은 거
  나는 꿈꾸는 구름
  시간의 지층이 삐끗했거나 기억의 오류이거나 잘못 연결된 코드처럼
  나는 불완전한 문장이다
  영원이라고 발음하면 닫히지 않는 입술처럼
  모든 구름에는 물기가 묻어있다

계간 《문파》 2020년 가을호

송종규
경북 안동에서 출생. 1989년 《심상》 신인상을 통해 등단. 시집으로 『그대에게 가는 길처럼』 등이 있음. 2017년 제10회 웹진 시인광장 선정 올해의좋은시상 등을 수상. 이상시문학상 수상.

긴긴 밤

신용목

나는 하루를 살았는데, 생각 속에서 삼년이 지나가고

넌 그대로구나?
꿈에서는 스물하나에 죽은 친구가 나타나, 우리가 알고 지낸 삼년을 다 살고
깨어나면 또 죽고
열아홉 살이었을까요, 다락방에서 고장 난 시곗바늘을 빙빙 돌리다 바라보면
창밖은 시계에서 빠져버린 바늘처럼 툭 떨어진 어둠

그러니까
열아홉을 떠올리는 일은 열아홉이 되는 일이 아니라 열아홉까지의 시간을 다
살게 하는데, 어둠 속에 촘촘히 박혀 있는 시곗바늘처럼
창밖에는

숲이 있다고 들었습니다

들었을 뿐, 생각은 해마다 달력을 찢기 위해 먼 나무를 쓰러뜨리는 푸른 벌목장입니 다
숲이 사라지면 초원이
초원이 사라지면
사막이

죽은 짐승의 뼈를 하얀 가루로 날릴 때, 모래에 비스듬히 꽂힌 뿔이 가리키는 침묵처럼

세벽 세시 외에는 아무것도 남지 않은 이야기

눈을 감으세요, 이 이야기를 아는 사람은 이미 죽어서 이 이야기를 듣기 위해 당신은 죽어야 합니다 긴긴 밤이라면
  귀를 막으세요, 이 이야기를 하기 위해 나는 죽어서 이 이야기를 영영 모르는 사람이 되어야 합니다 긴긴 밤이라면
    당신은 어디 있나요, 두리번거리며

태어나지 않은 사람의 죽음을 찾습니다 긴긴 밤이라면
그건
우리 다 아는 이야기,
잠으로는 견딜 수 없는 사라짐을 위하여 나는 새벽 세시에 깨어 있습니다
  죽은 사람의 생일을 지나가는 것처럼

창밖에는 바람이 분다고 들었습니다
저녁에 헤어지고

다음날 만났을 때, 네게 십 년이 지나갔구나 얼마나 많은 시간을 감아놓아서
  밤은 캄캄합니까 열아홉 살 다락방, 시계 속 단단하게 감겨 있던 검은 태엽처럼

열아홉은 꽁꽁 묶인 채 사라졌는데

얼마나 많은 사람을 묶어놓아서 밤은
날마다 굴러옵니까

계간 《청색종이》 2022년 봄호

신용목
2000년 《작가세계》 신인상으로 작품활동 시작. 시집으로 『아무 날의 도시』 등이 있음. 백석문학상, 시작문학상과 육사시문학상, 젊은시인상 등을 수상.

취한 꿈

신철규

나는 꿈속에서 취했다
아니 취해서 꿈속으로 들어갔다

비틀거리는 몸으로 택시에서 내려 편의점에 들렀다
머리가 어지러웠다
혼몽한 정신으로 편의점 직원에게 담배를 달라고 했다
무표정한 얼굴
어쩌면 나를 한심하게 생각하는지도 모른다

냉장고를 열었는데 꺼내려 했던 것을 잊어버린 사람처럼
꿈속에서 나는 잔뜩 찡그린 얼굴을 하고 있다

잠은 집에서 자야 한다
바깥 잠은 몸에 해롭다
내가 지금 누워 있는 곳은 집이 아닌가?

아파트 주차장 구석으로 가서 담배를 피운다
아, 담배를 줄여야 되는데, 라는 생각을 하면서 담배를 피운다
이 삶을 끝내야 하는데 계속 살아 있는 것처럼
꿈속에서 이 꿈에서 벗어나고 싶은 것처럼

눈사람 위로 눈이 내립니다
눈사람이 눈에 파묻힙니다
그냥 눈덩이가 되어버립니다

손이 시리다
두 손이 얼음 속에 박혀 있다
얼음 속에서 꺼내온 손이 있다

돌에 찍힌 젖은 발바닥 자국
너무 많이 두들긴 돌다리는 금이 가고 결국 무너진다

힘겹게 머리를 들어 눈을 가늘게 뜨고
내가 살고 있던 아파트의 19층 창문을 본다
아파트의 층수를 아래부터 세다가 헷갈려서 다시
위에서부터 센다
23층이니까 하나 둘 셋 넷
주황빛의 불이 켜져 있다
나를 기다리는 사람이 안 자고 있다
나는 담배를 길바닥에 비벼 끄고서는 아파트 현관으로 걸어간다
꿈에 취해서, 취한 꿈 속에서

엘리베이터를 타고 올라갈 때 온몸을 내리누르는 느낌
누군가 1톤짜리 망치를 살짝 내 머리에 대고 있는 것 같은

몸이 바닥에 붙어 있다
자석처럼

등을 떼려고 하는데 몸이 일으켜지지 않는다
발끝만 간신히 바닥에서 떨어질 뿐

캄캄한 어둠 속에 촛불을 들고 있는 얼굴이 있다
감광판처럼 주황빛으로 켜진

계간 《문학인》 2023년 봄호

신철규
2011년 《조선일보》 신춘문예 당선으로 등단. 시집으로 『지구만큼 슬펐다고 한다』 등이 있음. 2019년 제37회 신동엽문학상, 김춘수시문학상 수상.

퇴사역

심은섭

사십 년 가까이 새벽마다 어둠 속으로 길을 내던 어떤 사내가 출근인식기에 마지막 지문을 찍고 사무실을 들어선다

책상 위의 만년과장 명패를 반납한 늦은 저녁,
늑골이 헐거워진 몸으로 퇴근길에 오른다

그가 전동열차 의자에 몸을 기대자 지난날들이 흑백무성영화처럼 스쳐갔다 병원비 미납으로 전세금이 압류 당하던 날, 인주밥보다 더 붉게 울던 일이며, 전깃줄보다 더 늘어진 공복으로 생이 경련을 일으키던 날들이며,

밤마다 외딴섬 물개울음소리를 들으며 살던 날들이며, 삶이 속도에 중독된 타이어처럼 조련되어 눈 밑의 다크서클이 무릎까지 내려오던 날들이며, 험상한 IMF로 운명의 삽질이 중단되기도 했던 날들이 떠올랐다

오랫동안 겪어온 수난의 기억을 시나브로 말아 올리며 상념에 젖어 있을 무렵, 전동열차 안에서 안내방송이 들려왔다

"이번 역은 퇴사역, 퇴사역입니다"
"내리실 문은 양쪽입니다"

계간 《시작》 2023년 여름호

심은섭
2004년 《심상》 등단. 2006년 〈경인일보〉 신춘문예, 시집 『Y셔츠 두 번째 단추를 끼울 때』 외. 평론집 『한국현대시의 표정과 불온성』 외, (현)가톨릭관동대학교 교수.

바퀴의 로드킬

안은숙

시속으로 달리는 한여름 길
이글이글 잔털이 타오르고 있다
난폭하게 달려든 속도에 치인
질주의 잔해
마지막 굉음을 타고 공기는 터진다

평생 공기만 출렁이던
온순한 몸통
핏자국도 없다
널브러진 잔해 위로
공기의 등을 타고 오르는
노을이 보인다

공복은 얼마나 위태로운 폭발인가

공복이 뜯어먹은
바퀴의 무늬
제 바퀴에 치인 바퀴가
스키드마크 속으로 사라진다

쌩쌩 차들이 지나칠 때마다
검은 꼬리 같은 자국이 흔들린다
급하게 주저한 주저흔을 비껴가는
차의 곡선

바닥을 회전해야 사는 운명
혹은 운행이
내장도 없이 바닥에 흩어졌다
비틀거리다 쏠리며
자신의 중량을 속수무책 내려놓고
이동의 하중을 버틴다

비천하게 구를수록
못은 박히고
움푹 파인 구덩이와 방지턱
비포장 흙길을 먹어 치우지만
터질 듯 배부른 바퀴,
막상 터지고 보니
흔적 없는
공복이다

다만 한 마리의 굉음과
사나운 냄새만 공기 중으로 흩어졌다.

계간 《상징학연구소》 2023년 여름호

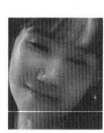

안은숙
서울에서 출생. 2015년 《실천문학》으로 등단. 2017년 《경남신문 신춘문예》 수필 당선. 시집으로 『지나간 월요일쯤의 날씨입니다』가 있음. 2017년 경기문화재단 전문예술창작 문학 분야 선정 작가. 제1회 시산맥 시문학상 수상. 2022년 한국문화예술위원회 아르코문학창작기금. 제7회 〈동주문학상〉 수상.

엄마의 물리학

안차애

루이즈 부르주아의 작품
마망*을 보며 한나절을 보내요

엄마나 마마라고 번역하여 작품명을 붙이는 이도 있지만
저 거대한 강철 거미엄마는 마망이라 불러야 제 맛이 나요

마망,
받침 ㅇ은 종소리의 진원지처럼 울려 퍼지고
엄마의 자기장은 겹의 포물선처럼 징징 번져가요

$E=mc2$은 진리라서
엄마는 매일매일 얇아지고 내 공전주기는 길어지죠
엄마의 피가 가벼워진 만큼
우리는 새로 생긴 시간의 골목길을 달려가요

손끝 하나 닿지 않고도, 마망

엄마의 투명 인드라망 속에서
우리는 눈이 쏠린 입자처럼 몰려다니죠

엄마의 거미다리가 야윈 공중무덤으로 자라는 동안
더 낮은 주파수의 감정이 발명됩니다

* 프랑스출신 조각가 루이즈 부르주아의 조각 작품, 불어로 엄마

계간 〈열린시학〉 2023년 여름호

안차애
2002년 《부산일보》 신춘문예 당선. 시집 『치명적 그늘』 등을 발간. 2014년 세종우수도서 선정, 2019년 경기우수작가 선정.

무풍지대

양균원

서해 연안
어둠에 연무가 달라붙는다
폴대 꼭짓점 아래
바람마저 사라진 새벽 한 시의 삼각구도에
빗소리가 떼를 지어 생환 중이다
예고 없는 직하가
파산으로 생명을 선포하는 소리의 나락
내홍을 불사르던 초저녁 장작더미는
잿가루마저 씻겨 나갔다
자지 않는 새가 있다
두견새와 소쩍새 둘 사이 어디쯤에서
낯설게 친밀한 이도 화음이
바닷가에 낭자하다
만灣에 갇힌 물
곁을 지키는 해안도로 불빛
삶의 테두리를 따라
더러는 이빨 빠진 자리여서
더러는 수명이 다해가는 손전등이어서
에둘러 명멸하는 한 가닥 영零의 행렬
눈먼 바다와 애먼 하늘 틈에서
두 쪽 적막을 꿰매는 이음매 솔기로
금방이라도 가라앉을 듯 떠 있다
천둥소리를 기다린다
나는 빗물의 법고法鼓

안에 가부좌를 틀고 앉은 파락호
혹은 우기의 피라미드 속에 홀로 환생한 파라오
소란은 힘이다
우주의 혼란이 뇌파로 전환되는
귀로 들어와 눈으로 나가는
흰 라일락 향이었다
작약 분지에 갓 착륙한 꿀벌이었다
햇살이 간혹 뜨거운 사월 끝자락이었는데
바로 어제였는데
비가 오다 말다 안개에 살을 섞는 이 어둠
저 감감한 무풍지대에서
은은히 밀려오는 향은
식은 모주母酒 마지막 잔처럼
그저 들쩍지근

웹진《시인광장》2023년 7월호

양균원
1981년 《광주일보》와 2004년 《서정시학》으로 등단. 시집 『딱따구리에게는 두 통이 없다』, 『집밥의 왕자』 등이 있음.

모래의 시

오정국

이건 투명에 가까운 돌멩이야, 모래의 지평선이 아득하고, 소금꽃의 미라가 뒹굴고 있어, 모래밭의 두개골을 흔들면 재의 얼굴이 쏟아져

여긴 할리우드 영화처럼 모래폭풍이 밀려와, 공중에 펼쳐지는 데스마스크, 빛의 구멍, 빛의 웅덩이, 빛의 가시덤불이 목덜미를 휘감지

이건 죽음도 잊고 삶도 잊어버린 광물질이야, 끝이 없으니 시작도 없는, 여기가 영원, 되짚을 길은 모래알로 흩어지고 눈앞의 별자리는 무궁한 적막을 떠돌고 있어, 그렇게

한번쯤은 아스라이 발 딛고 싶었지
눈먼 허기를 풀어놓고 싶었어

이건 목이 타는 선인장이야, 석 달 열흘 가뭄 끝에 빗줄기 쏟아지면 순식간에 꽃을 피워 사막을 뒤덮지 흙의 시, 나무의 시, 풀꽃의 시, 그런 거 너무 많아, 그러니까

모래의 문장을 이어가는 것이야, 여기에 나의 생을 맡겨볼까 하는데, 그래 어떤가, 눈썹 끝에 걸리는 일몰이여, 노을빛에 뒤섞인 죽음의 눈시울이여

멀리서 가까이서
저토록 깊고 뜨겁게 흘러내리는

격월간 《현대시학》 2023년 9-10월호

오정국
1988년 《현대문학》 등단. 시집 『파묻힌 얼굴』, 『눈먼 자의 동쪽』, 『재의 얼굴로 지나가다』 등이 있음. 지훈문학상, 이형기문학상, 전봉건문학상 등 수상.

049

역입逆入

우대식

귀가 순해진다는 나라에 도착해 역입(逆入)의 자세로 꿈틀거려 본다
머리와 발을
입과 항문의 자세를 바꾼다
발목은 생각이 깊어져 푸른 핏줄이 엉키고
항문은 돈까스를 베어 물고 말을 하는 중이다
십년 맨발로 살았다는 북한산 청담을 생각하면 머리가 시려온다
일생 오물을 내뱉으며 살아온 나의 입이여,
입 주위를 흰 수건으로 닦아본다
한없는 더러움에서 느끼는 다정함
머리에 너무 많은 피가 몰려 있다
힘을 거꾸로 몰아가는 붓질
아무 것도 들리지 않는다
귀란 장딴지에 난 상처 정도일 뿐
두 발을 머리에 이고
걷는 중이다

웹진《시인광장》2023년 5월호

우대식
1999년《현대시학》등단. 시집 『늙은 의자에 앉아 바다를 보다』, 『단검』, 『설산국경』, 『베두인의 물방울』 등과 그 밖의 저서 『죽은 시인들의 사회』, 『비극에 몸을 데인 시인들』, 『선생님과 함께 읽는 백석』 등이 있음. 현대시학작품상 수상.

Kiss 8
— 크로스 키스*Cross Kiss

우원호

아아! 뜨겁게 뜨겁게 달궈진 쇳덩이의 열기처럼
아아! 뜨겁게 뜨겁게 사랑하는 연인들의 뜨거운·

그 열정적인 키스여!
그 격정적인 키스여!

보리스파스테르나크의 원작 속의 두 남녀 주인공
닥터 지바고와 라라와의

키스로 뜨겁고도 애절한
서로의 사랑을 확인하는

그 열정적인 키스여!
그 격정적인 키스여!

서로가 불타는 열기의
뜨거운 상태이긴 해도

두 사람의 입술은 맞물린 상태를 그대로
서로 유지한 채로

서로의 고개만 45 각도로 비스듬히

교차시켜

사랑하는 사이끼리 더욱 친밀하게
사랑하는 연인끼리 더욱 화끈하게

서로간의 애정과 사랑의 신뢰를
확인하는 Cross Kiss!

아아! 뜨겁게 뜨겁게 달궈진 쇳덩이의 열기처럼
아아! 뜨겁게 뜨겁게 사랑하는 연인들의 뜨거운

그 열정적인 키스여!
그 격정적인 키스여!

앙드레 지드의 제롬과 그의 사촌 누이
아리사와의 친족간의

오직 눈먼 사랑이여, 그 숭고한
배타적인 키스여!

서로가 불타는 열기의 집념으로 인해
뜨거운 열정의 사랑이긴 하였어도

사랑메는 국경 없다라는 슬로건을
과신이라도 하듯

두 사람의 입술은 맞물린 상태 그대로
서로 유지한 채로

서로의 고개만 45 각도로 비스듬히

교차시켜

사랑하는 사이끼리 더욱 당당하게
사랑하는 연인끼리 더욱 떳떳하게

친밀감을 과시하며
사랑했던 그들처럼

서로간의 애정과 사랑의 신뢰를
과시하는 Cross Kiss!

오직 눈먼 사랑이여,
그 숭고한 배타적인 키스여!

*크로스 키스(Cross Kiss): 서로의 입술을 교차시켜 하는 키스.

계간《시와 문화》 2022년 가을호

우원호
1954년 서울에서 출생. 2001년 월간《문학21》시부문 신인작품상에 당선. 시집으로 『도시 속의 마네킹들』, 『아! 백두산』 등이 있음. 현재 웹진《시인광장》, 도서출판 『시인광장』 대표.

육호수이강하이규리
이노나이 령이만영
이병국이 일이수명
이수영육호수이강하
이규리이노나이 령
이만영이 국이병
이 명이수영육호수
이강하이규리이노나
이 령이만영이병
이 일이수명이수영

육호수이강하이규리
이노나이 령이만영
이병국이병일
이수명이수영
육호수이강하
이규리이노나
이 령이만영
이병국이병일
이수명이수영육호수
이강하이규리이노나

51
⋮
60

희망의 내용 없음

육호수

우리가 우리에게
발각되지 않는 곳으로 가자

더 많은 공기를 정화할
더 많은 허파가 필요한
오래된 세계에서

더 많은 빙하를 녹일 더 많은 체온이
더 많은 어둠을 흡착할 더 많은 악몽이
더 많은 멸종을 지켜봐줄 더 많은 마음이 필요한
오래된 세계에서

사람인 채로 더 이상
망가지고 싶지 않아

적막 속에 찾아오는 수치심은 아름다웠음
몸을 떠난 살은 몸보다 먼저 썩었음
희망의 내용 없음

여러 겹의 몸을
몸 위에 겹쳐지는 무수한 유령들을
허물로 남겨두고
밤의 아름다움을 감당하지 않아도 되는 곳으로 가자
푸른 하늘 은하수 끝나지 않는 손장난
밤이 기어이 밤을 어기는 곳으로

우리라고 부를 이 없음
우주선 없음
다른 세계 없음
희망의 내용 없음

내가 너에게 발각되지 않는 곳에서
울지 않고 기다릴게
거울에 갇힌 구름은 갈 수 없는 곳
어린 신의 어항 속
천사의 아가미를 달고
면벽의 안식 속에 감금되어
죽음과의 문답으로부터 소외되어

나의 굴레만을 나의 것으로
소유자 없는 나의 소유로 여기며
기다리는 이 없는 기다란
기다림
무색무취 수신자 없는 기도를
잇고 있을게

오래된 세계에서
지나치게 외로워서
지나치게 정직했음
영원에 진 빚 없음

시집 『영원 금지 소년 금지 천사 금지』 2023년

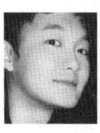

육호수

2016년 대산대학문학상 시 부문 당선. 2022년 세계일보 신춘문예 문학평론 부문 당선. 시집으로 『나는 오늘 혼자 바다에 갈 수 있어요』, 『영원 금지 소년 금지 천사 금지』.

칸나의 해안

이강하

여기는 움직일수록 신비한 해안

신발을 내던지고 히잉 말울음소리 내며 내달린다 한참을 내달리다가 멈춘 그림자 위로 누군가의 이름을 쓴다 오! 놀라워라 축축한 모래 속에서 굵은 밤이 흘러나오다니 백합조개나 꼬막 같은 것이라야 하는데 왜 하필 밤일까

동그란 밤은 죽은 님을 무진장 사랑했지 님도 동그란 밤을 사랑했지 갑자기 님의 서해가 떠오른 맨발들, 등이 휘어져라 계속 밤을 파낸다 철썩철썩 파도 소리 따라 밤들이 신났다 귀가 없는 밤은 더 신났다 그런데 먼저 캔 밤은 어디로 간 것일까

얘아, 네가 밤을 까먹고 있니? 아이는 겁먹은 표정으로 입을 오물거리면서 고개를 끄덕인다 얼굴을 자세히 보니 아이 얼굴은 어릴 적 누구를 닮았다 조금 슬픈 얼굴이었다 순간 나는 그 아이에게로 다가가 와락 껴안았다 마지막으로 캔 밤까지 손에 쥐어주면서 아이는 그제야 환해져서 포말 속으로 사라졌다 칸나가 핀 수평선 쪽으로

여행 이틀 째 된 저물녘에는 문단에서 유명한 선배 한 분이 우리 텐트로 놀러 왔다 언니는 선배에게 커피를 타줬다 그대들 텐트 속에서 책도 읽고 커피도 마시니까 엄청 기분이 좋다며 작은 가방 옆에 있는 노트에 사인을 했다 아주 지저분한 노트에

왜 지저분한 노트 뒷장에 사인을 했냐고 물었더니 시를 더럽게 못 쓴다, 라고 말하면서 계속 웃었다 우리도 배꼽 잡고 따라 웃다가 어떤 거짓말까지 아름답게 노트에 기록한 날,

칸나가 핀다, 뜨거운 밤이 핀다.

계간 《시에》 2023년 여름호

이강하
2010년 《시와세계》 등단. 시집으로 『화몽(花夢)』, 『붉은 첼로』, 『파랑의 파란』.
제4회 백교문학상. 제16회 울산문학 올해의 작품상 수상.

월요일의 도시락

이규리

방울토마토가 쏟아졌다
아침이 계단으로 사정없이 굴러가는데
달아나는 토마토를
멈추어야 하는데

더욱 더 멀리 아득하게

내려가고만 있네
고 작고 말랑한 것이 손쓸 수 없도록

더 내려갈 수 없을 때

올라갈 수 없는 위가 생겼는데

당신들이 대체로 뻔하고 진부해질 때
방울토마토가 하염없이 굴러가는 일을 한번 생각할래?

계단은 끝없이 쏟아지고
저렇게 경쾌한 노래는 원래 남의 것 같지 않은가

토마토가 계단을 만들던 일
절망이 명랑하게 굴러가는 일

내 생의 문장이 이토록 힘을 받아 굴러간 적 있을까

왜 나는 여기 있지?
주워도 끝나지 않는 일이 왜 나의 일이지?
고민하는 동안
방울토마토는 두려움을 모르고 구르고 있네
털썩 계단에 주저앉을 때
빨간 방울과 방울들이 목금 소리를 들려주네

방울토마토 따라
굴러가는 월요일 말랑말랑해지는 월요일
토마토는 힘이 없는데 힘이 있지
속도가 근심을 다 지워버려서
도시락이 사라지면 어때 월요일을 모르면 또 어때
깨어난다면 그것이 꿈인 날들 속에서

여전히 계단은 굴러가고 있는데

계간 《시산맥》 2022년 봄호

이규리
계명대학교 대학원 문예창작학과 졸업. 1994년 《현대시학》 등단. 시집으로 『앤디 워홀의 생각』과 『뒷모습』 등이 있음. 2015년 제6회 질마재문학상 수상.

봄을 끌어당기는 줄도 모르고

이노나

딱 멈춘 채였다 돌아보고자 했던 시도도
나아가려고 했던 기도도 무의미한 마음이었다
미리 알았다면 달라진 것이 있었을까

끌어안았던 얼굴들을 한 손에 쥐면 꽃이라 부를 수 있을까
할 수 있는 것이 없어 웅크렸던 시간을 죄라고 한다면
지금 창밖에 부는 바람을 덫이라 불러야 한다

해가 뜨고 진다
달이 따라 진다

달아나기 위해 불렀던 노래는 마디와 마디 사이 숨을 숨겨 놓 았다
더러 결이기도 했다 선택을 해야 했다

젠가의 마지막 막대를 빼기 전
뒤집은 쓰레기통에서 쏟아진 어제의 기억

누구의 시간은 누구만의 것이어서 누구도 알지 못한다면 비겁 이 될까
덮고 싶었다 다시 펼칠 것을 알면서도
달빛이 그렁그렁 옆으로 도망갔다
겨울은 끝나지 않겠다는 듯 온 거리의 나무를 흔들며 다녔다

꽃잎이 날렸다

끝내 봄을 끌어당기는 줄도 모르고 나는 애써
겨울로 도망가고 있었다

계간 《시인수첩》 2023년 여름호

이노나
2012년 계간 《연인》으로 등단. 시집 『마법 가게』, 『골목 끝집』 출간. 현재 한국
시인협회 회원.

비밀번호 바꾸기

이 령

신을 믿지 않아 좋은 건 갈 곳이 정해지지 않았다는 거라서 지금 가슴과 머리는 둥근 사각입니다 내 방은 열쇠가 없고 방향도 없지만 비교적 안전 합니다

모서리는 모서리를 만나 벽이 됩니다 모서리를 등지면 방이 되기도 하지요 더러는 절망이 출몰해 잠시 잠겼을 테지만 주관적으로 비밀번호를 거듭 호출하면 됩니다

밤새 기억을 편집하느라 어지럽지만 탄성이 충분한 나의 믿음은 당신에게 오래 깃든 주술 입니다

셈을 익히고 책장과 방의 평수를 넓히는 동안 내가 익힌 좌표는 탄력적으로 길을 인도하지만 슬프게도 이 방향은 초지일관 창조적이진 않습니다

쥬시후레쉬, 후레쉬민트, 스피아민트…, 껌을 씹으면 왜 눈물부터 나는 건지 시간을 재편성하듯 단물이 빠지는 건지 수시로 출몰하는 감성은 어느 지점에서 서성이던 기도 인가요

오래 품은 의문이 자라는 나의 방은 덕분에 왁자합니다 오늘아침엔 씹던 껌으로 메꾼 깨진 화분 사이 보춘화가 만향(萬香)입니다 당분간 응답은 잊어 야죠 당신의 겹창을 흔드는 바람이 오래 스민 나의 노래를 복제 중이거든요

철새 무리가 주문처럼 딱 딱 딱 허공을 박음질하고 있습니다
길을 따라가는 것도 벗어나는 것도 먼저 방을 벗어나야 하니까,
열쇠는 잊고 군데군데 구름 방석도 깔아 둔거지요

느닷없이 방과 하늘이 주문처럼 깊어갑니다

계간《시와 징후》 2023년 봄호

이 령
경북 경주에서 출생, 동국대 법정대학원 상사법 전공 석사 졸업. 2013년《시를 사랑하는사람들》로 등단. 저서로는 시집『시인하다』등과『문두루비법을 찾아서-Beautiful in Gyeongju』가 있음. 제10회 경주문학상, 제2회 시산맥시문학상 수상. 현 동리목월기념사업회부회장.

유리병 속 과육이 익어가는 시간

이만영

문을 잠가두어도

유리벽을 사이로 마주치는 시선들
입술이 달싹거릴 때마다 떨어지는
시간의 각질들

다가갈수록
남겨진 시간은 기다림 뿐이라서
수없이 깨어나고 잠드는 침묵

헛바닥이 된 숟가락으로
시간을 떠보면 살과 뼈가 드러난다

투명해진 시간마다
휘발된 유월의 숲 냄새가 난다

견고한 다짐들
눈빛을 꺼내 렌즈를 닦는다

당신은,
병에 어울리는 이름을,
미라의 향기로운 관을,
사막의 선인장 무덤을 줄곧 떠올린다

무덤을 뚫고 나가면 차디찬 벌판
내뱉은 즙은 허공에 멈춰있다

얼어붙은 몸통은 미라가 되고
혓바닥이 들러붙었다

우린 서로 다른 호흡기를 가졌기에
유리병 속,
문을 열어보는 이름들 틈 사이로

호명된 시간이 걸어 나온다

계간 《시현실》 2019년 봄호

이만영
홍익대학교 미술대학(시각디자인) 졸업. 제8회 웹진 《시인광장》 등단.

이을

이병국

안에 든 것을 알아보지 못했다.

다른 곳에 있었기 때문인지도 모른다.

나는 쫓겨난 사람처럼 주위를 맴돈다. 태평한 한낮이 마른 얼굴로 쏟아진다. 단단한 것들이 오히려 쉽다, 는 말을 들었다.

받쳐줄 몸이 없어 앙상한 낮달을 보며 접힌 손가락을 스쳐 지나가는 감정이 무엇인지 생각하지 않는다.

웃자란 머리를 감싸 쥐고 시간을 거꾸로 걷는다.

하나의 질문이 날카롭게 베고 간 자리에 바람이 달라붙는다. 조난을 당한 이들은 돌아오지 않고 언제까지나 젖어 있다. 추깃물로 채운 빈속이 매번 투명한 허기로 선명하다. 구체적인 감각이란 누구나 볼 수 있는 열린 문 안쪽, 텅 빈 문장의 와중에 놓인다, 쓰러지고 기어가는 이의 미끈한 몸뚱이 같은.

돌보는 마음에 애쓸 이유가 없다는 듯 생활은 새로 얻은 이름을 따라 돌을 쌓는다.

내민 손이 없어 얼마 못 가 무너질 것들이었다. 뙤약볕에 달궈진 돌을 들추며 지나간 것들의 흔적을 찾는다.

최선은 선택받지 못한 다른 것에 있다, 짧게 스쳐 지속되는 쓸쓸함에 있다, 지켜 괴로운 신념과 감은 두 눈 사이의 창백한 거리에 있다,

나는 식어 차가워진 한낮의 기분을 설명해줄 수 없다. 삶은 밀한 줌 천천히 씹을 찰나도 없이 폭도가 된 바닥에 주저앉아 쥔 것을 내려놓는다.

머리가 뿌리째 나뒹굴고 밀랍으로 봉한다 해도 녹아 흐를 고통이 오래 머문다. 먼 곳의 누군가 안에 든 것을 삼킨다.

나는 이곳에 있고 대답은 다만 밖에 있다.

광주전남《작가》2023년 32호

이병국
2013년《동아일보》로 시 등단. 2017년 중앙신인문학상으로 평론 당선. 시집 『이곳의 안녕』, 『내일은 어디쯤인가요』 등이 있음. 내일의 한국작가상 수상.

쓰레기山과 코끼리

이병일

코끼리 땅에 솟은 쓰레기山, 십만 평 쓰레기를 뒤지면서, 십만 평 플라스틱을 천천히 씹으면서, 코끼리가 똥을 눈다. 비닐조각이 항문에 붙어 꼬리는 곤혹스럽다.

한때 코끼리는 코를 뭉게구름 속에 밀어 넣고 별과 무지개와 소나기를 집어먹거나 번쩍, 강줄기를 뽑아 골짜기를 반짝이게 했다. 지금은 극채색 주삿바늘과 손소독제, 양말과 구두, 전화선과 장갑을 먹어치우고 있다. 탈 없이 성장한다고 믿으면서

공작과 개와 까마귀도 쓰레기山에 머리를 둔다. 아무 것도 잃은 것이 없다고 부대끼며 빛나고 있는 것이다. 어지럼증과 구역질이 흐렸다 갰다 했다. 숨 가쁘게 왔지만 숨 막히게 혹은 숨 아프게 후대의 피는 훅훅 상했지만

코끼리 콧등에 내려앉은 벌레만 쾌청했다. 쓰레기山은 홀로 버려진 코끼리를 부른다. 죽을힘을 다해 쓰레기를 먹는 제물을 부른다. 있는 힘을 다해 쓰레기山에 먹힐 제물을 부른다.

저 코끼리는 풀과 나무를 끊고 씹고 부수는 어금니가 없어 쓰레기山에 왔다. 어금니 하나만 있어도 땅 그늘을 뒤집어썼을 텐데. 그러나 어쩌랴. 지금은 까닭 없이 눈을 찌푸린다. 똥이 똥을 밀어내는 내장의 기쁨이 없으니, 코끼리는 죽는다. 크게 죽어 미더운 사람들에게 분노를 가르친다.

월간 《현대문학》 2023년 6월호

이병일
2007년 《문학수첩》 시부문 신인상과 2010년 《조선일보》 희곡이 당선되어 작품 활동시작. 시집으로 『옆구리의 발견』, 『아흔아홉개의 빛을 가진』, 『나무는 나무를』, 『처음 가는 마음』 등이 있음.

오늘의 자연분해

이수명

비가 짧게 내렸다. 비가 그친 후 넓은 구름이 왔다. 우리는 구름을 거의 보지 않았다. 보았을 수도 있다. 구름 전선은 발달하고 발달하고 발달을 멈추고 북상 중이었다. 구름은 수시로 바뀌었다. 구름의 모양이 흐트러질까 근심하는 동안 구름이 사라졌다.

상설 할인마트 앞에 한 노인의 조각상이 있었다. 뼈가 드러나 있는 상이었다. 지나는 사람들이 조각상을 피해서 갔다. 나는 노인의 편을 들었다. 뼈가 점점 튀어나오는 것을 좋아하지는 않았다.

우리는 걷고 있었다. 짧은 비에 땅을 뚫고 올라온 지렁이들이 번들거렸다. 지렁이들은 비킬 줄 몰랐다. 헝클어진 지렁이들 사이를 통과하고 통과했다. 하루하루를 통과해서 하루하루의 투명한 비들이 깨어지고 우리는 걸어가면서 노인이 되었다. 구름 조각을 들고 서서 노인이 되었다. 구름을 놓쳤다. 노인에 대해 아는 것은 거의 없었다. 뼈가 움직이고 있었다.

버스는 타지 않았다. 차량이 뜸해졌다. 무엇이 우리를 앞으로 떠밀고 있는지 우리는 오늘보다 앞서 있었다. 오늘은 자연분해되고 있었다. 발이 구멍이 숭숭 뚫리고 붕 떠 있는 것 같았다. 손을 뻗어 단추를 채운 것도 같았다. 어디까지 왔는지 주변을 둘러보았다. 보도블록이 새로 깔린 곳까지 왔다. 뭘 생각하고 있니, 네가 물었다. 아무것도

그냥 구름 한 점에 대해서

격월간 《릿터》 2022년 12/1월호

이수명
1994년 《작가세계》 등단. 시집 『새로운 오독이 거리를 메웠다』, 『왜가리는 왜가리놀이를 한다』, 『붉은 담장의 커브』, 『고양이 비디오를 보는 고양이』, 『언제나 너무 많은 비들』, 『마치』, 『물류창고』, 『도시가스』 등. 박인환문학상, 현대시 작품상, 노작문학상, 이상시문학상, 김춘수시문학상, 청마문학상을 수상

검은 사각형, 카지미르 말레비치

이수영

너무 오래 앉아 있었다
한기가 살을 뚫고 내장까지
어서 일어나,
무섭도록 서러운 말
머리는 끄덕이는데
따스했던 나무벤치도 시려 오는데
푸른 영혼,
그대는 어디로 가고 싶은가

하산 길에 웬
종이배가 하얗게 앞을 막아선다
강을 만나지 못했구나
벌써 바다에 이르러
젖은 몸 말리고 있어야 할 이 시간에
푸른 영혼,
그대의 길은 어디로 통하는가

어허야,
학춤걸음으로 산을 내려 간다

계간 《문학나무》 2023년 여름호

이수영

1994년 시집 《깊은 잠에 빠진 방의 열쇠》를 통해 작품활동 시작. 시집 『무지개 생명부』, 『안단테 자동차』, 『미르테의 꽃, 슈만』 등. 시선집 『슬픔이 보석이 되기까지』, 산문집 『잠시 또는 영원의 생각』등. 서정시학상, 천상병시문학상, 한국기독교문학상 서울강남문학상대상 등을 수상.

이영춘이재연이혜미
임수현장옥관전길구
정숙자정우서정지우
정해원이영춘이재연
이혜미임수현장옥관
전길구정숙자정윤서
정지우정채원이영춘
이재연이혜미임수현
장옥관전길구정숙자
정윤서정지우정채원

이영춘이재연이혜미
임수현장옥관전길구
정숙자정윤서
정지우정채원
이영춘이재연
이혜미임수현
장옥관전길구
정숙자정윤서
정지우정채원이영춘
이재연이혜미임수현

61
⋮
70

모래의 시간

이영춘

이 세상 끝에 와 있다는 느낌
그 사이로 강물이 흘러가고
발자국들이 지나가고
슬픔 같은 이끼가 툭툭 걸음을 멈추게 하는데
나는 건너갈 세상을 돌아본다
어둠 저 끝에서 몰려오는 바람소리
누군가 내 등 뒤에서 마음 한 끝을
비수로 꽂고 달아난다
이 세상 황량한 이중성의 간판들
점멸등처럼 깜빡이는데
어제는 바람이 되었다가
오늘은 사과가 되고 오렌지가 되고 박제가 되어
몸의 꼬리를 감추는 사람들
탓하지 마라, 눈동자의 크기만큼 보이는
세상 안에서 세상 바깥에서
홀로 남은 자들의 뒷모습
사막의 신기루처럼 서서
내 가는 길 묻지 않으리라

계간 《시와 사람》 2022년 여름호

이영춘
1976년 《월간문학》으로 등단. 시집으로 『시시포스의 돌』 외에 다수 있음. 윤동주문학상 외에 다수 수상.

우리가 잠시 바다였습니다

이재연

눈이 꽃을 먹는 사월

가라앉는 해를 바라보다
바다에 도달하고 말았다

아무도 달라지지 않는 월요일에
바다에 도달하는 것은

다른 사람은 나를 다 알고 있는데
나만 나를 모르는 세계에 도달하는 거와 같아
바다에도 월요일이 출렁거린다

사람이 없는 바다에도
사람이 없는 바다를 그리워하는 데도

바다는 꿈쩍하지 않고
가라앉는 세계를 삼킨다

시간이 지나간 뒤에도
바다에는 바다의 일만 남아있어
바다를 기다리고 있다

여기에서 바라보는 관점을
모두 봄이라고 이야기 할 수는 없겠지만

내가 기다리는 것으로는
아무도 우리에게 미안하다고 하지는 않을 것이다
모든 것이 다 조용히 지나가지 않겠지만

서로 주고받은 이야기는
오래 동안 바다에 가라앉아 있을 것이다

사월처럼
사월의 무덤처럼 파랗게
우리가 잠시 바다였습니다

계간 《문파》 2020년 가을호

이재연
전남 장흥에서 출생. 2005년 《전남일보》 신춘문예 시부문 당선. 2012년 제1회 오장환 신인문학상 당선. 시집으로 『쓸쓸함이 아직도 신비로웠다』가 있음.

트레이시의 개

이혜미

알아요? 채찍은 소리보다 빨라서 당신이 듣는 건 음의 장벽이 부서진 흔적이에요 사라지는 속도를 엮어 순간의 훈장을 선물하는 거지요 밤을 긋고 지나가는 사이키델릭 선율처럼

D-O-G

양말을 신지 마 발자국을 남겨 줘 고독을 소원하고 숨 막히는 고통에 감사해 건네받은 무늬를 마음껏 기뻐해요 안팎으로 뒤섞이며 눈동자는 희미해지지

당신이 정해요 살갗이 찢어진 자리를 안이라 부를지 밖이라 부를지 기억해? 신을 거꾸로 읽으면 개가 되지 휘저어질수록 부풀어가는 배고픔으로 헐떡이며 기도 끝까지 엎드려 신앙을 다해

입 벌려, 영혼의 안쪽을 뒤집어 보여주듯이 질척이는 숭고 속에서 유린이 음악으로 들릴 때까지 걱정 마 다치지 않아요 훼손될 뿐 세이프워드는 g-o-d, 흔적과 파편의 신에게 우리의 사랑을 전해야지
   당신은 그냥 나를 따라와요
   몰락을 섬기는 신도가 되어
   허락받은 세계를 향해 기꺼이
   무너지도록

계간 《문학동네》 2023년 봄호

이혜미
2006년 《중앙신인문학상》으로 등단. 시집 『보라의 바깥』, 『뜻밖의 바닐라』, 『빛의 자격을 얻어』, 에세이집(이하 공저) 『시인, 목소리』, 『촛불의 노래를 들어라』, 『당신의 사물들』, 『어쩌다 당신이 좋아서』 등. 서울문화재단 문예창작기금 수혜. 15회 올해의좋은시상賞 수상.

어디까지나 기린의 일

임수현

　자다깨다를 반복했어요 언니의 오랜 습관이죠 창문 흔들리는 소리를 일종의 강박으로 들어요 기다리는 게 습관이 된 사람들 특징이죠 뭐든 잘 기억하는 언니에겐 꿈이 많은 게 분명해요 입안에 맴도는 것들을 꺼내 놓고픈 눈으로 지내요 좋은 꿈인지 악몽인지 튜브도 칼도 던져줄 수도 없는데 문을 열어놓아야 잠들어요 더 많은 꿈이라도 꿀 것처럼

　봐요 세상은 불쑥불쑥 슬픔 속에서 자라나는 걸요 언니가 뒤척일 때 먹구름은 목이 뻣뻣해져요 뒷감당이 안 돼요 뒷목을 손바닥에 받히고 머리를 감기며 힘 빼세요 손바닥에 목을 맡기세요 내겐 힘이 너무 많이 들어 있대요 그게 안 돼요 생각은 얼마나 무거운지 무거운 마음은 어디서 생겨나는지 쉽게 놓아지지 않아요 샤워 꼭지에서 빗물이 쏟아져요

　기린의 경우가 그래요 이게 다 예민해서 그런가 봐요 목만 늘이며 살아가는 언니가 참 피곤하다 싶어요 그러니까 잠이 잘 깨죠 자면서 울죠 긴 목을 들어올리다 물을 준다는 게 물을 쏟기나 하고 또 긁적이고 있느라 깨어 있는 것 좀 보세요 꿈이 언니를 적고 있는 줄도 모르고 언니는 자꾸만 꿈을 베고 누우려고만 해요

　계간 《시산맥》 2022년 봄호

임수현
2017년 《시인동네》 등단. 시집 『아는 낱말의 수만큼 밤이 되겠지』, 청소년시집 『악몽을 수집하는 아이』, 문학동네 동시문학상 대상, 창비좋은어린이책 수상.

밤의 커튼이 쳐진 빨래판

장옥관

다 늙은 빨래판이 측은해 서재로 가져온 게 어저께의 일이다
이 빨래판을 어떻게 요리할까 책상 위 자판으로 올려놓고 레시
피를 찾는다 주름투성이 속을 긁어내 호박범벅을 만들까 뼈다귀
를 토막내 곰탕으로 고아볼까 얇게 채 썰어 생채로 무쳐 먹기엔
너무 딱딱하겠지 어쩔까 어쩔까 고민이 깊어진다

아내가 탐내 자기 방으로 가져가면 어쩌나 아내의 방은 내 방과
층이 져 발 디밀 수 없는데 아내는 이미 안개의 주민이 된 듯하고
아득한 전생에 우리 빨래판에 함께 누워 본 적 있었을까 보송보송
한 그 이불에선 샤프렌 향기가 났을 테지

이 익숙한 주름살 앞에서 얼마 전 딸이 엄마, 하고 부른 적 있는
데 그때 빨래판에서 하얗게 머리 센 장모님이 오냐, 대꾸하며 걸
어 나오셨지 뗏국물 속에서 삭은 한평생은 열아홉 평 신접살림에
서부터 지금까지 따라온 것

치대고 문지른 달력 앞에서 웃음도 울음도 없는 무표정한 얼굴
을 어떻게 돌려보낼 것인가 대략 난감에 요리 옷 입힐 궁리를 하
였던 것인데 갑자기 발뒤꿈치 각질 부스스한 빨래판이 내게 여보,
하며 희미한 목소리로 나를 부르는 것이

격월간 《현대시학》 2023년 5-6월호

장옥관
1987년 《세계의 문학》으로 등단. 시집 『황금 연못』, 『바퀴소리를 듣는다』, 『하늘 우물』, 『달과 뱀과 짧은 이야기』, 『그 겨울 나는 북벽에서 살았다』, 『사람이 없었다고 한다』. 동시집 『내 배꼽을 만져보았다』. 김달진문학상, 일연문학상, 노작문학상, 김종삼시문학상, 이용악문학상 등 수상

그녀가 보고픈 날에

전길구

나는 한쪽 눈을 감고 계단을 내려가

기억의 가장 안쪽에 있는 그녀를
가끔 꿈나라에서 만나
숲을 쳐다보면
아카시아꽃이 눈처럼 날리고
풀밭을 바라보면
막대사탕 같은 토끼풀 꽃이 하늘로 올라가
밤길을 걸으면
은초롱 꽃들이 불을 밝혀줘

그 나라에서 그녀는
가장 아름다운 마술사

50년 전 눈발이 날리던 어느 날
한쪽 눈에 하얀 안대를 하고
난간도 없는 다리를 건너오던 그녀를
나는 생생하게 기억해

안과는 먼 곳 어디쯤 있고
가난은 가까이 있던 그때
그녀의 동공은 하얗게 변해가고
'이미'라는 말속에 '절망'이
숨어 있다는 것을 처음 알았어

내 파릇한 유년이
그 눈 속에서 갇혀서
그녀는 지금도 나를 꼬마 인양 바라봐
내 엄마를 가장 많이 닮은 사람
열린 반쪽으로 반백 년을 살면서
닫힌 반쪽에는 옛날 잔상이 남아 있을까?

가슴 저림이 손끝까지 닿는 날에는

나는 한쪽 눈을 감고 계단을 올라가.

웹진《시인광장》 2023년 9월호

전길구
2021년《서정시학》으로 등단. 경영학박사. 한국서비스경영학회 이사.

공우림空友林의 노래 · 37

정숙자

잠 깬 나비가 언덕 위로 날아갑니다. 거미줄마다 이슬이 빛납니다. 바다는 새로운 오선지를 펼쳤습니다. 따로 예술이 필요치 아니합니다. 종이와 펜을 내려놓습니다. 저 또한 스스러울 것 하나 없는 바람이 됩니다. 오랜 소원 이루는 찬란함이여, 순수는 저의 궁극의 이상입니다. (1990. 9. 8.)

이 삼경 어찌해야 전해질까요?
벼루가 닳아진들 글이 될까요?

붓끝에 뭘 먹이면 꽃이 될까요?
밤은 자꾸자꾸 동으로 흘러
창문에 푸른 물 비쳐드는데

어떻게 갚아야 갚아질까요?
죽어서 갚아도 갚아질까요?

이 침묵 어찌해야 뜻이 될까요?

계간 《예술가》 2023년 봄호

정숙자
1952년 전북 김제 출생. 1988년 《문학정신》으로 등단, 시집 『공검 & 굴원』, 『액체계단 살아남은 니체들』, 『뿌리 깊은 달』 등 7권, 산문집 『행복음자리표』, 『밝은음자리표』. 질마재문학상, 동국문학상, 김삿갓문학상 등 수상.

문산

정윤서

당신은 기대 울고 싶은 마지막 꿈이에요
당신과 제가 어슴푸레 보입니다
두개의 강자락은 하나의 줄기가 되어
서로의 한계를 무너뜨렸지요
서해로 가는 길목에 이르러
당신이 떠미는 것은 무엇인가요
구름에서 구름인가요 구름에서 땅인가요
억수가 천둥을 따르는 곳에 경계는 없지요
구름과 대지 사이로 조강*이 휘돌고 있어요

당신의 높은 옥탑방을 두드립니다
새로 산 하이힐이 발등을 물고 있어요
물구나무 자세로 허방을 짚으며 왔어요
립스틱이 이기는지 당신이 부러지는지
눈알이 둥그레지는지 입술이 지워지는지
사과향기 움츠린 방 안의 블루투스 스피커는 켜놓으셨나요
탄닌 가득한 와인잔은 더욱 더 안전한가요
길을 되돌린 길의 끝, 더는 갈 수 없어요
발자취를 거둔 내밀함
스팸 문자로 우두커니 서 있어요

구름과 대지 사이에서 팽창하던 나의 꿈
가장 닿고 싶었던 기척
금이 간 담벼락

젖은 장미
절반의 햇빛을 잡아먹은 속도로 내리 꽂히는 벼락
천둥소리 음파 음파
툭툭 떨어지는 뒤통수
서해 조수에 떠밀려온 수억개의 빗줄기
거대한 역류에 잠기는 들판
이쪽과 저쪽
흙탕물

우리의 끝자락이 서해에 들어섭니다
조수에 떠밀린 사나운 기억들
내게 기대 무작정 울던 당신
마지막 꿈들이 떠나가고 있어요

*한강과 임진강이 합수된 강

웹진《시인광장》2022년 11월호

정윤서
경기도 여주에서 출생. 동국대학교 문예창작학과 석사과정. 2020년《미네르바》
등단. 현재 한국작가회의 회원, 한국시인협회 회원.

우리는 날아가는 검은 우산을 기억해낸다

정지우

어떡해,

죽음 이후는 죽음 이전을 생각하게 하는 걸까?
갑작스러워서 너무 안타까운 부고장 속으로 비가 내린다

머그잔을 만지면 빗물을 떨어뜨리는 너머에 골목이 골목을 돌며 벗어나지 못한다 질문 하나가 수문을 여는 하늘,
 검은 이끼처럼 먹구름이 창문을 덮어온다

접힌 형태로 새가 날아간다
 한 사람이 남기고 간 둥지와 자녀들 시집 출간에 대해 얘기했지만 테이블과 바닥에 울음이 흘러넘치므로, 우리는 부족해진다

출판을 누구도 서두르지 않는 유고시집
생존하는 시들은 회생할 가능성이 있을까?

이 세 사람은, 세 사람으로는 충분치 않는,
한 사람을 흘려보낸다

수심은 헤아릴 수 없어 쌓이는 물방울 무덤이겠다
시의 영혼에게 육체를 입히는 구름 수의
흠뻑 비를 맞은 시들이 자신을 장사지내고 돌아오는 집, 시집을 묻는다

묻다가 대답이 될 때까지 묻는다
마른 우산은 빗소리를 가두고 점차 퍼져나가는 구절,
밀고 들어오는 문과 열고 나가는 문으로 웅덩이가 생기고

우리는 저 멀리 날아가는 검은 우산을 기억해낸다

계간 《시사사》 2022년 가을호

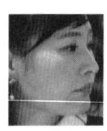
정지우
2013년 문화일보 《신춘문예》 등단. 아르코 문학나눔 도서 선정. 시집 『정원사를 바로 아세요』.

덧칠된 세계

정채원

고흐의 암울한 콧구멍이
여인의 젖가슴에 유두처럼 찍혀 있다
엑스레이를 비추면
파이프를 문 자화상* 아래
여인의 누드 반신상이 밑그림으로 앉아 있다

햇살 비쳐드는 방안에서 웃옷을 벗던 여인
이마 위로 흘러내린 숱 많은 머리칼과
보일 듯 말 듯 미소를 머금던
분홍빛 볼은 검게 덧칠되고

자화상의 밑그림은 어쩌면 아흔아홉
떠나가라, 떠나가라, 떠나가지 마라
얼굴이 얼굴을 압정처럼 누르고 있는

덧칠된 시간이 다시 눈을 뜬다
감겨도 감겨도
사후까지 깜빡이는 눈동자처럼
가슴 맨 밑바닥에서

지워진 얼굴은 결코 지워지지 않는 얼굴이다

어서 이 낡은 세계를 뒤집어다오
2백 년 묵은 불 꺼진 파이프를

여인의 누드가 깔고 앉는다
— 점화!

* 반 고흐의 그림

계간 《서정시학》 2023년 가을호

정채원
1996년 월간 《문학사상》 등단. 시집으로 『슬픈 갈릴레이의 마을』, 『제 눈으로 제 등을 볼 순 없지만』, 『우기가 끝나면 주황물고기』. 편운문학상 등 수상.

정하용정혜영조말선
조미희조용미주민현
진혜진채종국천수호
천양희정한용정혜영
조말선조미희조용미
주민현진혜진채종국
천수호천양희정하용
정혜영조말선조미희
조용미주민현진혜진
채종국천수호천양희

정한용정혜영조말선
조미희조용미주민현
진혜진채종국
천수호천양희
정한용정혜영
조말선조미희
조용미주민현
진혜진채종국
천수호천양희정한용
정혜영조말선조미희

71
⋮
80

071

빈 자리

정한용

며칠 전까지 꽃잎 날리던 나뭇가지에 지금은 연록 잎사귀가 꽂혀 있다. 향기 머물던 자리엔 누군가 서성인 발자국이 얼룩덜룩하다. 오래전 어머니가 상추 가꾸던 텃밭에 오늘은 내가 쑥갓을 심는다. 흙에 버려져 반쯤 묻힌 플라스틱 통에서 민들레가 피어났다. 숲으로 이어져 느릿느릿 산보하던 길에는 어느새 최신형 전기차가 다닌다. 묵은 원한으로 쏜 총알이 순간 멈춰, 노래가 되기도 하고 격렬한 호소가 되기도 한다. 어디에도 빈틈은 없다. 꿰맨 흔적조차 남기지 않는다. 어제의 갈피를 오늘이 뚫듯, 오늘의 간극은 내일의 에테르로 메꿔진다. 꽃 진 자리에 곧 새똥 같은 열매가 돋으니, 지워졌다 새겨지는 오랜 내력이 인류세가 지난 다음에도 계속될 것 같다. 그러니 지금 헐렁헐렁한 틈도 참을 만하고, 내가 곧 지워져도 괜찮다. 고개를 끄덕끄덕, 살래살래, 갸우뚱…… 다 좋다.

웹진《공정한 시인의 사회》2021년 5월

정한용
1980년《중앙일보》신춘문예 평론 당선과 1985년《시운동》에 시 발표로 작품 활동 시작. 시집『얼굴 없는 사람과의 약속』,『슬픈 산타 페』,『나나 이야기』,『흰 꽃』,『유령들』,『거짓말의 탄생』,『천 년 동안 내리는 비』등, 전자책 '작은시집' 으로『물의 알』,『예순 네 개의 손』등, 영문시선집으로『How to Make a Mink Coat』,『Children of Fire』등을 냈음. 천상병시문학상, 시와시학상 등 수상.

지붕 위의 바다

정혜영

네모난 창문 네모난 뷰파인더, 그 방에 갇혀 있다 내 안에서 네모난 나무가 자라난다

그런 게 어딨어, 왜, 네가 그걸 못 봐서 그렇지

느티나무 한 그루 뿌리를 드러내며 저녁으로 기울어진다
누가 여기 싹둑, 큰 톱을 들이댄 건지

서쪽은 어둠으로 물들어가길 기다리고
우리는 사랑일까
상처를 키우면서 개와 늑대의 시간이 멈춰있다

손이 닿지 않는 허공에서 집을 짓는 새들
우린, 볼 수 없는 것을 보고 닿을 수 없는 비명에 닿으려고
보이는 것과 보이지 않는 것 사이를 서성이고 있다

누군가 그어놓은 한 줄의 수평선
지붕 위의 바다는 한꺼번에 쏟아지려고 골똘하고 헐벗은 나무 뿌리 사이로 지나가는 시간, 가파른 골목을 쏘다니다가 날카로운 휘파람으로 돌아온다

들리니, 보이니

수령을 알 수 없는 언덕, 속마음을 알 수 없는 느티나무

그래서 제 속을 열어 보여주는 걸까
 내가 보지 못한 언덕의 반쪽은 어디론가 날아가서 어느 산맥의 등뼈가 되었는지
 수평선에 갇힌 흰 갈매기들, 모래밭에 묻힌 두 발을 가볍게 들어올린다

 네모난 창문 너머 색색의 슬레이트 지붕들
 주황은 날아가서 햇살이 되고 파랑은 멀어져서 쨍한 하늘이 되고

월간《현대시》2022년 7월호

정혜영
2006년《서정시학》으로 등단. 시집으로 『이혼을 결심하는 저녁에는』 있음.

두부

조말선

응축이라고 했는데 억압이라고 했다 이 방을 소개하자면 거실 겸 주방과 침실, 아니면 단순히 뇌라고 했다 모서리가 많다고 했는데 모가 난 거라고 했다 여러 인격이 겹쳐있다고 했는데 머릿속이 새하얗다고 했다 시작이라고 했는데 이미라고 했다 머릿속이 하얗다고 했는데 엉덩이라고 했다 그러면 거실이라고 했는데 철창이라고 했다 처음이라고 했는데 가운데라고 했다 모가 난 거라고 했는데 태어난 거라고 했다 그 중의 하나일 뿐이라고 했다 그 중의 하나가 되어서 이름이라고 했다 혼자서는 되지 않기 때문에 책임감이 없다고 했다 갈등이라고 했는데 흔들리는 거라고 했다 거실 겸 주방과 침실 아니면 단순히 뇌가 으깨진 거라고 했다

계간《시와 반시》2021년 겨울호

조말선
1998년《부산일보》신춘문예에 당선, 같은 해《현대시학》신인상을 통해 등단. 시집으로『매우 가벼운 담론』과『둥근 발작』등이 있음. 제7회 현대시 동인상 수상.

방충망 너머

조미희

바람이 높은 곳으로 염탐하듯 옵니다
문을 흔드는 투명은 어떤 무늬를 거쳐 온 걸까요
먼지 냄새가 납니다
이곳을 통과하려면 아주 미세한 몸이나
찢어진 틈이 필요하지요

한때는 빛을 찾아 춤추던 불나방의 전성시대도 있었지요

그런데 방충망 밖의 저 불빛은 불나방 같지 않나요?
무얼 위해 밤새 빛을 다 소진할까요
5층짜리 사십 년 묵은 아파트는 상처에 바르듯
투명 테이프를 듬성듬성 붙여 놓아요
오래 살다 보면 이 정도 상처는 아무것도 아니죠
방충망 위로 흰 구름이 매달렸네요
흘러갈지 떨어져 내릴지 알 수 없습니다
높은 것들은 추락을 위해 있는 건지 위엄을 위해 있는 건지,

시야를 멀리 던지면 빌딩들이 있습니다
그 아래로 작은 지붕들이 안정적입니다
나는 작은 집들의 지붕을 보고 안도하고
던졌던 시야를 추스르며 위협을 느낍니다
낮은 지붕 위에는 초록들이 제 삶을 노래합니다
상추며 고추 호박 이런 채소들, 다정합니다
다정도 병이라 코끝이 찡해 옵니다

방충망을 뚫고 바람이 붑니다
어제 때려잡은 모기의 몸을 뚫고
잔류의 바람이 안간힘을 씁니다
나는 이 세상의 잔류입니다

웹진 《시인광장》 2022년 8월호

조미희
《시인수첩》 등단. 시집으로 『자칭 씨의 오지 입문기』, 『달이 파먹다 남긴 밤은 캄캄하다』가 있음.

연두의 습관

조용미

연두는 바람에 젖으며, 비에 흔들리며, 중력에 솟구쳐오르며, 시선에 꿰뚫리며
녹색이 되어간다

웅크렸다 풀어지며 초록의 세계로 진입하는 견고함이다

초여름 햇살이 개입하는 감정들이
차례차례
나뭇잎을 두드린다

장대비에 튕겨 나간 초록들이 아스팔트에 흥건하다

황금비가 쏟아진 수목원 그늘진 바닥에
신비한 노란빛들이
꿈틀거린다

노랑과 초록의 지층이 켜켜이 쌓인 순간들이라면,

모감주나무의 본관은 연두이기에 환희와 적막이 어긋나고 마주 보는 잎사귀들을 가득 달게 되었다

월간 《현대시》 2023년 5월호

 **조용미**
1990년 《한길문학》으로 등단. 저서로는 시집 『불안은 영혼을 잠식한다』 등과 산문집 『섬에서 보낸 백 년』이 있음. 김달진문학상 등을 수상.

다 먹은 옥수수와 말랑말랑한 마음 같은 것

주민현

이사 온 집에서 내려다보이는 풍경
어깨가 동그란 사람들
브뤼겔의 그림 같은 풍경 속으로

서른다섯 마흔일곱 예순의 여자들이 걸어간다
흙대파를 사느냐 깐 대파를 사느냐

물질과 생활을 토론하면서

작고 작아져 점으로 찍힐 때까지
바라보는 여자들의 사랑과 미래

이 집엔 못 자국이 많고
있는 힘껏 매달렸던 것들의 흔적에

손가락을 대어 보면

군화처럼 고독한 것
나는 천국의 모양을 걸고 싶었어

걷고 또 걸어서

걷은 것은 밤하늘의 흰 점들
걸어서 네게 주지

감각하는 만큼 세계는 출렁이고
그만큼의 세계를 알고

말하면서도
마치 다 아는 듯이

정말 다 그런 듯이
비유하고 사랑하고 이 세계를

미래에는 다 웃는 이야기들

페이지를 열고 닫고 펼치고 덮고
입술을 열었다 닫고

너의 입술이 움직이기를 기다린다

모자 속에 모자 속에 모자를
포개어 놓듯이

우리가 여기에 존재한다는 유일한 흔적의 빛
이곳의 밤은 꽤나 구불거리지

기원을 알 수 없고
우리들의 내장 속 같아

포장지 속에 포장지 속에 아주 작은 조명처럼

빛과 어둠은 이렇게나 가까이 있지만
또 이렇게나 멀리 있는 법이고

우리는 알지
마음이 얼마나 연약한가에 대해

안녕하세요!
무엇을 도와드릴까요?

매번 명쾌하게 물어보는 Ai에게
너와 친구가 되려면 어떻게 하지?

무릎을 꿇고 심장도 내어놓고
이윽고 우정을 말하고 사랑을 말하기까지

그런 것이 인간이라고
말하고 싶은 듯이

밥 먹고 화장실 가고 춤추고 잠자고
메타버스 안에서

석양을 보며 해류병을 던지자
매번 다른 이야기를 들려주는

나의 기계 속 친구들과

꿈꾸고 말하고 웃고 듣고
꿈꾸듯이 말하고 웃고 듣고

깜깜한 어둠 속에서
동 트는 아침의 빛 속에서

우리의 시력이 최대치를 발휘하고 있어
우리 몸이 꿈틀꿈틀 깨어나고 있어

우리의 기원이 마구 섞이고
사랑의 색깔과 모양을 선택할 수 있다는 듯이

미래에는

친구의 아기는 아주 작고
이해할 수 없는 소리를 내고

자전거를 타는 유쾌한 마녀
이야기를 들려줄게

최초의 여성 철학자 히파티아의 이야기를
들려줄게

히파티아와 함께 세상을 바라보면

꿈꾸고 말하고 웃고 듣고
꿈꾸듯이 말하고 웃고 듣고

최초의 여성 수학자
최후의 여성 철학자를 넘어서

우리가 함께 웃는다

혐오나 차별의 언덕을 간단히
넘어갈 수 있다는 듯이

미래는 아직 심어본 적 없는 문장
꿈꾸어본 적 없는 장면

그러나 늘 그려보았다는 듯이
너무 많이 상상해 와서 꼭 맞는 옷처럼

우리는 우리가 말할 수 있는 미래
다만 한 걸음 더 걸어가 보면서

계간 《창작과 비평》 2023년 여름호

주민현
1989년 서울에서 출생. 2017년 《한국경제신문》 신춘문예 시로 등단. 시집으로 『킬트, 그리고 퀼트』가 있음. 2020년 제38회 신동엽문학상 수상. 현재 창작동인 〈겸〉으로 활동 중.

우리의 목책공

진혜진

목책보다 더한 장벽으로
그때나 이때나 들어설 수 없는 장벽이 둘러쳐져 있으니
변할 게 없다는데 변한 게 많아 생각 없다는데 생각이 많아 닿을 수 없이 멀어진 거리입니다 지금은
함께 살기를 결의한 것이
함께 죽기를 각오한 것이 죽기 살기였습니다만
물과 바람과 태양이 출렁였으니 이해 부탁드립니다
이전과 이후가 휘날리는 이곳에서
기다림은 없고 무관한 이유만 가득한 이곳에서

알 듯 말 듯 한 사람처럼
다 안다면서 아무것도 모르는 사람처럼
조금 전이나 오랜 후나 우리는 파란이 되고 파장이 될 것입니다

우주의 블랙홀보다 캄캄합니다만
불 꺼진 입간판만 가슴속에서 덜렁거립니다만
기다립시다
지금은 사람과 사람의 브레이크 타임
오늘의 우리를 가장 많이 소비하게 된다 해도

웹진《시인광장》2023년 4월호

진혜진
2016년《경남신문》신춘문예 당선. 2016년《광주일보》신춘문예 당선. 시집으로『포도에서 만납시다』가 있음. 2021년 한국문화예술위원회 아르코문학창작기금 수혜. 제11회 시산맥작품상 수상.

먼지의 공전

채종국

유리창에 비친 햇살에
먼지가 눈에 띈다
행성처럼 떠 있다
공전을 하고 있다
다큐멘터리에서 보았던 태양계 행성처럼
방안이라는 우주를 질서 있게 떠돌고 있다

우주의 먼지로 돌아간다기에
별은 거대한 먼짓덩어리라기에
오늘 저 먼지가 내가 돌아갈 곳이라기에

죽어 먼지처럼 방안을
내 우주를 떠돌아다니는 것일까

죽어 저 떠도는 눈으로
광활한 신의 사유를 바라보는 것일까

티끌로 돌아간다는 것은
신의 눈동자와 마주친다는 것

햇살이 시선을 거두면
이내 사라지고 말겠지만
먼지 같은 행성
먼지 같은 방안에서 먼지로 공전하는

아름다운 별들의 향연에
발을 내디딜 수 있다니

오,
놀라운 죽음이여
별이여
이름이여
사랑이여
나여
그리하여 먼지의 공전이여

계간 《시와 경계》 2020년 여름호

채종국
2019년 《시와 경계》를 통해 등단. 신라문학대상 수상(시조). 시와징후 편집위원
현 《시인광장》 편집위원.

여기에 없는 질문

천수호

사랑이 좋을 때 수선화에게 사랑을 물은 적 있다

꽃의 죄는 대답이 샛노랗다는 것
누워 있어서 죄가 더 많이 보이는 날이면
사랑은 벌써 떠날 때가 되었다는 것이랬다

천리도 아니고 만리도 아닌 아득한 길을
노란 꽃으로 흔들리며 가는 네 모습을
끝까지 봐주는 것이 사랑이라 믿는 게 아니랬다

그땐 웃을 수 있었다 그 색깔이 거기 있다고 믿었으니까

꽃잎에서 시작된 뒤척임이 하루를 구근으로 뭉친다는
바람의 이야기는 믿을 만 했지만
어찌 색을 두고 흔적 없이 사라질 궁리를 했는지
사랑이 좋지만 않을 때 가만가만 물어보는 것이었다

대답 대신 한 두 장의 풍경만 가만히 보내오고
그것이 색 없는 고궁(古宮)이라 어둡다는
벽돌 사진 한 장도 무심히 끼워 보내오고
천천히 문을 여는 메신저의 반응만이 아득한 기별이 될 때

이런 사실은 사랑을 꽃에게 물을 때가 지나가고 있다는 것이랬
다

사랑이라 부를 때가 많았던
그때는 보이지 않던

느린 걸음으로 꽃이 걷는 것을 보고 있었다

계간 《포엠 포엠》 2021년 여름호

천수호
2003년 《조선일보》 신춘문예 당선되어 등단. 명지대학원 문예창작학과 박사과정 졸업. 시집으로 『아주 붉은현기증』, 『우울은 허밍』, 『수건은 젖고 댄서는 마른다』가 있음.

뜻밖의 질문

천양희

눈이 녹으면 그 흰 빛은 어디로 가나*
그가 질문을 던졌을 때
우리는 다만
그 질문을 생각하고 기억하고 상상할 뿐
그 흰 빛의 행방을 알 수가 없다

이 세상에
눈보다 더 눈부신 흰 빛이 있을까
얼마간 의문을 가져보다가
생각은 머릿속으로 하는 혼잣말 같고
날리는 눈발은
하염없이 잃어버리는 목소리 같아

눈이 쌓이고 쌓인 눈 위에
또 눈이 쌓이는 것을 보면서
나는 누구의 기억 속에 얼마나 쌓였을까
거듭 가파른 생각을 한다
어느덧
눈에 눈[雪]물이 차오른다

눈이 녹아도
그 흰빛은 사라지지 않는다는 걸
눈을 쓸면서 뒤늦게 받아들인다

저 흰 빛만큼 눈부시게

내 생각을 들어올린 구절은 없다

어떤 눈은 너로부터 무너지고
어떤 너는 눈처럼 쌓인다

눈이 와서 하는 일이란
나에게서 오점을 지워주는 일

백색이 모두인 눈의 세계에도
유백 설백 청백으로 나뉜다는 걸 알고 난 뒤
눈에 대한 생각이 달라졌다

뜻밖의 질문을 받을 때처럼 놀라서
눈길을 오래 걸어 본다

쌓이거나 녹거나 하는 것만큼
긴 문장이 있을까

돌아보니
어느 소설의 첫 문장같이
밤의 밑바닥이 하얘졌다

마침내
뜻밖의 질문이 완성되었다

*셰익스피어

계간 《청색종이》 2022년 봄호

천양희
1965년 《현대문학》으로 등단. 시집으로 『마음의 수수밭』, 『오래된 골목』, 『너무 많은 입』 등이 있음. 소월시문학상, 현대문학상, 박두진문학상, 공초문학상 등 다수 수상.

최금리최금진최동호
최문자최분임최세라
최연수최시훈최지안
최현심최규리최금진
최동호최문자최분임
최세라최연수최재훈
최지인최형심최규리
최금진최동호최문자
최분임최세라최연수
최시훈최지인최형심

최규리최금진최동호
최문자최분임최세라
최연수최재훈
최지인최형심
최규리최금진
최동호최문자
최분임최세라
최연수최재훈
최지인최형심최규리
최금진최동호최문자

81
⋮
90

릴리 릴리

최규리

\#

적의 없는 눈동자로
릴리 릴리
눈앞이 온통 하얘져서
낭만을 가지고 싶은 단순함이

백합을 꺾어 교실 창가에 꽂는다
선생님은 예쁘다고 친절하게 옷을 벗어주었다
과분한 사랑이다
여름이라 옷을 벗는 것이 맞다
하얀 칠판 위에 이름을 적는다

옷 벗는 아이 : 선생님
떠드는 아이 : 엄마
화장실 청소 : 앞에 앉았지만 한 번도 말을 하지 않은 애

수행평가 시간이다
선생님은 도화지를 보면 가슴이 벅차다고 한다
숨쉬기 어려우니 옷을 벗는 것이 맞다
아무것도 그리지 않은 도화지를 보며

흰 꽃잎이 예쁘구나

아무것도 안 보이는 것은 아무거나 말하면 된다
아무거나 말했으니 아무거나 되어 버린다

%
법 없이도 살 수 있는 사람
미련하게 착하다고
바보 같아서 아무것도 할 수 없는 사람이 있다
법이 필요가 없는 사람이다

미처 깨닫지 못한 세계라서
쉽지 않다고
릴리 릴리
진한 향기는 맹세하게 만들지

선생님은 엄마를 닮았으니 나에게 젖꼭지를 주세요

앞으로 절대 말대꾸하지 않겠다고
아장아장 걸어가겠다고
옷에 오줌을 싸지 않겠다고
벗으라면 벗겠다고
아무것도 보지 않겠다고
손가락을 걸고
시키는 것 다하는 착한 사람이라서

*

흉기를 들었다고 보도 됐지만 사실은 모기채를 들었어요
전기 모기채에 모기가 타는 소리는 사실은 효과음이라네
현금 인출기에서 돈을 세는 소리도 효과음이에요

죽은 모기가 바닥에 떨어진다
함부로 피가 번져 있다
그것은 모기의 피가 아니다

모기는 애인을 닮았으니 피 빨아 먹힐 준비를 하세요
릴리 릴리
병실은 하얗고 피로 물들기 좋은 환경이에요
피나는 노력은 아주 쓸모없어서
내 피는 바닥나죠

&

현금은 흔적이 없어서 비현실적이다
어디로 가는지 아무것도 보이지 않아서
엄마는 돈을 세며 말한다
그러니 아무 문제없어

학교는 아무도 없다 아무것도 보이지 않아서
선생님은 아무 말 못 한다
학생들이 무서워서
책을 던질까 봐 담배를 빌려달라고 할까 봐
하얀 가루들로 가득하다
나부끼고 뒤집히고
재가 떠다녀서 앞이 보이지 않는다고
릴리 릴리
둘러대기 좋은 말이 떠다닌다
 술에 취해 비틀거리며
아무것도 기억나지 않는다고
무조건 주장하는

모기채가 사람은 잡을 수 없는데
솜방망이를 휘둘러 봐야
모기들이 도망가는 고요한 날이어서
정말 평범한 날이 되어버린
심신 미약 상태라서

반년간 《스토리 문학》 2023년 상반기호

최규리

2016년 《시와세계》로 등단. 시집으로 『질문은 나를 위반한다』, 『인간 사슬』이 있음. 시와세계작품상 수상. 현 『시인광장』 편집장.

부메랑

최금진

내가 아는 이름들이 부메랑처럼 돌아오는 저녁이다
저녁이 한껏 나를 밀어올려 탑을 쌓고
나를 제물로 바치는 저녁이다
거대한 날개를 어쩌지 못하고 들키는 군함새나 가마우지처럼
비에 젖으면 먹물 씻겨나가 얼굴이 드러나는 까마귀처럼
여기선 늘 발각되는 일만 남았나 보다
허우적거리며 배회하다가 땅에 처박히는
죽은 이들의 이름이 가위 같은 입을 벌리고 돌아온다
여기선 누구나 상처 주는 일을 천직으로 하기 때문에
언제든 타인보다 더 높은 곳에 올라
사랑을 외치면 조금은 덜 외롭고 덜 무섭다
돌을 던지는 사람의 말아쥔 손에서
그가 내팽개치는 높이와 깊이가 한꺼번에 추락한다
떠난 사람이 남긴 사냥감인 줄도 모르고
그는 보름달을 기다린다
강물을 시간에 비유하기보다는
꼭대기에서 버려진 푸른 바다라고 비유한다
푹푹 살 속에 들어가 박히는 유탄처럼
상처를 주고, 모욕을 주며, 호명하며 부메랑이 돌아온다
파동과 궤적을 이끌고 부메랑이 돌아온다
신의 가슴팍에서 마음껏 허우적거린 저녁 예배 신도들이
새 떼처럼 날아와 내린다
신은 자신의 이름을 가르쳐 주고 떠났지만
부메랑을 던진다, 오래 전 잘라놓고 펼친 적 없는 날개 한쪽을

꺼내들고 사람들이 저녁 하늘을 날아간다
허우적거리며, 안착할 바닥을 둘러보며 떠난 이의 이름을 부른다
아무에게도 가르쳐 준 적 없는 나의 이름을 부르며
활처럼 커다랗게 휘어진 얼굴로 내가 날아간다
커다란 반원 모양으로 허공을 자르며
수십만 개의 부메랑이 돌아온다

계간 《불교문예》 2021년 여름호

최금진
1997년 《강원일보》 신춘문예 시부문에 당선. 2001년 《창작과비평》 신인시인상 수상. 시집으로 『새들의 역사』, 『황금을 찾아서』, 『사랑도 없이 개미귀신』. 산문집 『나무 위에 새긴 이름』 제1회 오장환문학상, 제12회 웹진 시인광장 선정 올해의좋은시상 등 수상.

구름 시집

최동호

늙은 구름은 지상에 떠도는 비통한
인간의 울음을 끌어 올려
하늘에 쌓아 놓은 검은 활자들에 방대한 시집이다.

때로는 늙은 구름에선 지상의 언어에 담겨
세상의 빛이 되고 싶은
묵은 활자들의 구시렁거리던 소리가 메아리 치기도 한다.
인간의 눈물로 늙은 구름은
몇 겹의 생을 바쳐도
다 적어낼 수 없는 활자들을 뭉게뭉게 피워 올리다가

때론 당산나무 가장 외진 나뭇가지
빈터를 찾아
깊이 간직하고 있던 사랑의 노래를 불러 주기도 한다

조선일보 〈장석남 시를 가꾸는 정원〉 2020년 2월

최동호
1979년 《중앙일보》 신춘문예 평론 당선. 1979년 《현대문학》에 추천완료. 시집으로 『황사바람』, 『아침책상』, 『딱따구리는 어디에 숨어 있는가』, 『불꽃 비단벌레』 등. 시론집에 『現代詩의 精神史』, 『불확정시대의 文學』, 『시 읽기의 즐거움』, 『디지털 문화와 생태시학』, 『진흙 천국의 시적 주술』 등. 제41대 한국시인협회 회장 역임. 세18회 제니마 문학상, 민해문예대상, 정지용 문학상 수상

드로잉

최문자

그가 진심을 보여달라 했다

뭘 보여주는 것
나는 그게 잘 안됐어

날씨 흐린 날은
진심도 흐려져
다 흘리고 그 것만 바라봐도 그게 잘 안보여

흐린 날
그는 자꾸 눈을 감는거야
죽어가고 싶어했지
모름 모름 모름 너머
안다고 여겼던 모르는 진심
꽃은 아니라는 거지

말하기 힘들면
밑그림이라도 그려달라 했다

물이 찬 신발을 신고
가장 멀리 가던
거꾸로 가던
진심이라 믿었던
시퍼런 빛

나는
사각형을 그렸다
어느 순간 함께 죽었다가 같이 살아나던
내가 껴안고 잠들었던
시퍼런 손수건 같은

말도 안돼
틀린거야
뭘 보여주는 거
나는 그게 잘 안돼

계간《시로 여는 세상》 2023년 가을호

최문자
서울에서 출생. 1982년 《현대문학》으로 등단. 시집으로 『사과 사이사이 새』, 『파의 목소리』, 『우리가 훔친 것들이 만발한다』 등이 있음. 박두진문학상, 한국시인협회상, 신석초문학상, 한국서정시문학상 등을 수상. 협성대 문창과 교수, 同 대학 총장, 배재대 석좌교수 역임.

예후

최분임

손목을 기어 다니는 지네를 쓰다듬으면
날지 못한 새 한 마리 욕조 속을 파닥여요
건지지 못한 엄마의 피 냄새 훅, 끼쳐 와요
주먹을 알현하던 안방 신전
비명과 울음이 이룩한 유일신의 그늘이 두터워요
드러나기 이전의 문 안쪽이 그렇듯이
떠나야 한다는 각오와 떠날 수 없다는 강박의 경계는
늘 범람 위기, 비굴과 비극 뒤
앳된 진실은 나를 살게 할까요
자물쇠가 채운 밀교密敎의 교리, 묻지 않아 묻혔지만
귀를 막은 록음악에도 휘발되지 않는 십계명
뒤꿈치를 든 걸음걸이는 습관의 발목을 가졌어요
제단에 바쳐진 알몸의 제물에서 출발한
우울이 키운 곰팡이 지치지 않는 사방을 가졌네요
욕조를 순교 터라고 주입한 짐승
갈래가 많은 집착은 오래 덧대진 다정의 얼굴인데요
태생은 죽음의 급소를 알고 있어서 자궁 같은 욕조에서
무덤으로 옮겨지는 일은 가볍고도 나른한 일이죠
뼈는 데워져 뜨거운데
면도날이 졸음처럼 몰려와요
손목을 잘라가는 수증기
내일의 수위를 허락할까요
아무도 궁금해 하지 않는 기도는
날개 잃은 오늘을 모은 채

외롭기도 또 설레기도 할까요

아직 내 전화 듣고 있어요?

웹진 《시인광장》 2023년 8월호

최분임
경북 경주에서 출생. 방송대 국어국문학과 졸업. 2014년 제12회 동서문학상 대상 수상하며 《월간문학》으로 등단. 시집으로 『실리콘 소녀의 꿈』이 있음. 2005년. 제23회 마로니에 전국 여성백일장 산문부문 장원 수상. 2017년 제8회 천강문학상 시부문 대상 수상.

카운트 업

최세라

하나 둘 셋 숫자를 세며
언제까지라도 걸어가기로 약속한다면
달까지의 거리는 38만 킬로미터

몇 발자국일까
우리를 스쳐가는 빛의 보폭은

너와 함께 욕조에 들어앉고 싶어
서로 모자를 바꿔 쓰고
욕조 가득 거품을 채운 채로

물은 조금씩 식어가고
거품이 사라지지
우리 믿음처럼

꺼져드는 것들
약속은 어그러지기 위해 있는 것 같고
자꾸만 눈꺼풀이 부서지는 나는

때가 탄 욕조에 들어앉아 물에 코를 박곤 한다
하나 둘 셋 숫자를 세며
숨을 참으며

원래의 자리에 없는 것들을 별이라 불러 본다

떠난 빛 하나가 길을 잃어도
그것은 그것대로 별

네가 있어도
내가 없으면
우리는 이별하지 않아도 된다

계간 《시와 세계》 2022년 겨울호

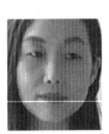

최세라
2011년 《시와 반시》를 통해 등단.
시집으로 『복화술사의 거리』, 『단 하나의 장면을 위해』

핵심 관계자

최연수

장미가 설레발을 칠 때부터 알아봤어
누군가 냄새나는 이를 보였네

그래도 말은 바로 해야지
비뚠 입을 숨긴 마스크가 중얼거렸네

날리거나 밟히거나, 증거는 새어 나오지
꼬리 긴 담장이 실금을 내보였네
양심처럼

자해는 자애에 가까워 무늬만 양심이야
태양이 시끄럽고
반성 없는 습관성이 눈치를 흘긋거렸네 조력인지 관망인지 울음이 돌아나갔네

야옹~~

방관자가 더 나빠 배후보다, 광장이 붉게 펄럭거렸던 먼 그 때, 외면한 표정들을 똑똑히 기억해

목이 터져라 외친 장미
아이러니하게도 부추긴 담장

밤사이 폭우처럼 댓글 달고 사라진 익명들은 뒷골목이야

속내 숨긴 손가락만 빠르지

핵심을 흐리려는 자와 찾으려는 자 사이, 일단 피하고 보라는
관계와 정확히 짚으라는 관계는 달라
어둠보다, 그림자는
햇살에 더 선명하다는 걸 함부로 발설하지 않네

장미가 뛰어내렸대

누가 진짜 배후일 것 같니

계간《시산맥》2022년 가을호

최연수
2015년 영주일보 신춘문예. 2015년《시산맥》등단. 시집으로『누에, 섶을 뜨겁게 껴안다』『안녕은 혼자일 때 녹는다』. 평론집『이 시인을 조명한다』등이 있음.

새장으로 손쉽게 선풍기를 만드는 법

최재훈

새장 안에 죽은 새를 가둘 것
죽은 새가 자신이 죽은 새인지 모르게 할 것
이백이십 볼트 전기 고문으로
살아있던 새의 고통을 떠올리게 할 것
통증의 추억이 날개 뼈 마디마디까지 흐르게 할 것
이때 미래는 살아있는 것처럼 박제할 것
죽음의 공포에 휩싸인 죽은 새가 살기 위해
뼈만 남은 날개를 파닥이게 할 것
이때 반드시 모이를 던져줄 것
바람이 빠져나간 공기의 사체를 던져줄 것
공기는 인공 미끼처럼 꿈틀거리게 할 것
부리 없는 새가
모이를 향해 허공의 부리를 내밀게 할 것
모이는 조금만조금만 더 날개를 퍼덕이면
닿을 수 있을 것만 같은 거리에 둘 것
날개의 퍼덕임에 모이가 공중으로 흩어질 때
다시 모이를 던져줄 것
자신의 뱃속이
허공의 뱃속이라는 사실을 모르게 할 것
허공의 뱃속에서 죽은 허기가
갑판 위로 끌려 올라온 생선처럼 팔딱거리게 할 것
강, 약, 중간, 약
고통에 길들여지도록 고통의 강도를 조절할 것
강에서 약으로 중에서 약으로 돌아왔을 때

약이 평화롭고 무감각한 일상이 되게 할 것
대가리가 없어 주위를 둘러볼 수 없는 새를 위해
새장은 회전모드로 할 것
유리창에 살아서 날아가는 새들의 환영을
언뜻언뜻 비춰줄 것
새장 밖은 또 하나의
거대한 새장이라는 사실을 모른 채
새장 밖을 향해 끊임없이 파닥이게 할 것
파닥거릴 때마다
흩날리는 작은 먼지와 뒹구는 머리카락 들이
잃어버린 자신의 깃털임을 모르게 할 것
스위치를 켠 채
거대한 새장 속을 가만히 들여다보는
신(神)은 새의 신이 아니며
작은 새장 앞에서 웃통을 벗고
축 늘어진 살덩이를 드러낸 저 볼품없는 신이
새의 신임을 모르게 할 것
이때 새의 신도 거대한 새장의 신도
새장을 들여다보는 것이 아니라
땀에 젖은 혓바닥을 말리기 위한 것임을 모르게 할 것
어느 순간 파닥거림은 고통의 몸부림이 아니라
신을 향한 신성한 막노동임을 깨닫게 할 것
생명의 열기로 뜨거운
이 불임의 계절이 끝나면
새장은 다시
어두컴컴한 망각이라는 창고로 옮겨지고
그곳이 잠시 동안 머무르게 될
꿈도 미래도
고통도 없는 세계임을 모르게 할 것
창틀에 한쪽 날개가 낀 바람이

밤새 울어대는 긴긴 겨울밤은 오고
새장 안의 죽은 새는
그것이 자신을 부르는 환청임을 모르게 할 것
자신의 굳어버린 날개가 환청 속에서
아직 퍼덕이고 있다는 착각 속에서
허공의 부리에서 그리움이란
헛것이 침처럼 흘러나오고 있다는 사실을
그것이 기름때로 찌들고 있다는 사실을
새도
새가 아닌 어느 누구도

웹진《시인광장》 2023년 9월호

최재훈
2018년 계간《시산맥》으로 등단. 제3회 정남진신인시문학상 수상.

조용한 일

최지인

얼굴
창백하다
무슨 일이야?
엄지와 검지 사이
꾹꾹 누르며
팔 쓸었다
찬 기운 가실 때까지
일그러진
얼굴

김장하는
철거촌 사람들
디데이가 적힌 타일 벽
신의 이빨 자국
붉은색 래커
거주하고 있음
불거진 철근
철근들 범람하는 것

개천을 어슬렁대다가
돈과 명예를 좇다가
아무것도 되지 못하고

어디로 가시나이까

살아남은 자여

죽음 앞에서
평등하다고 말하지 마라

한바탕
태풍이 몰아치기 전

*

스물여섯 살 노동자가 파쇄기에 빨려 들어갔다. 오래전 그의 아버지는 제재소 분쇄기에 손이 꼈다.

*

목이 베인다
목
목들
갈색으로 변한 국화 다발

*

중앙선을 넘나드는 화물차
저 안에서
무슨 일이 벌어지는 걸까
전복되기 전
우리가
사로잡힌 것은 무엇인가
꽃이
얼음을 뚫고,

컨테이너가 쌓여 있다

왜 나는 내려놓지 못하나
생활은 어떻게 내려놓나

꿈만 같은 시간이 지나고
다시 일상으로 돌아왔어요

번 돈의 절반을 집에 보낸다 아버지는 일주일에 세 번 병원에 가야 하고

똑똑
들어가도 돼?

젖은 신발
걸을 때마다
개구리 울음소리

나무 밑에서
비를 피하네
친구여 나는
돌아갈 집이 없네
사람들 묻힌 웅덩이
눈동자 같네

계간 《발견》 2022년 여름호

최지인

2013년 《세계의 문학》 등단. 시집으로 『나는 벽에 붙어 잤다』, 『일하고 일하고 사랑을 하고』와 동인 시집 『한 줄도 너를 잊지 못했다』가 있음. 제10회 조영관 문학창작기금 수혜, 제40회 신동엽문학상 수상. 창작동인 〈뿔〉과 창작집단 〈unlook〉에서 활동 중.

090

별정우체국

최형심

한때 나는 별정우체국을 별이 정해준 우체국쯤으로 알았다.

별이 정해준 우체국으로 가는 길은 아주아주 멀어서

봄부터 겨울까지 내내 걸어야만 했는데

별 자국 가득한 짝꿍의 울퉁불퉁한 얼굴을 만지다가도

비눗방울 속에 가둔 고양이 낮잠에 손을 대다가도

저녁의 가슴에 대고 작은 벌레의 날갯짓 소리를 엿듣다가도

언젠가 만나게 될 마법 같은 우체국을 상상하곤 했다.

푸른 손잡이를 가진 문을 만날 때면

혹시 별이 정한 우체국이 아닐까 가만히 두드리기도 했는데

그럴 때면 가난한 동네의 삼십 촉 전등이 조용히 고개를 저였다.
그 여름에 나는 복숭아와 봉숭아를 자주 헷갈렸으므로

내 몸에는 아무도 모르는 두 개의 분홍빛 봉숭아뼈가 자라고 있었는데

나비를 따라간 날이면 둥근 뼈는 더 선명해졌고

혹시 별이 정한 우체국을 지나친 건 아닐까

밤마다 걱정스레 은밀한 뼈를 가만히 만져보곤 했다.

물의 비늘로 만든 갑옷을 입고 먼바다로 헤엄쳐 들어가던 날

낯설고 아름다운 수초들 사이에서

가만히 수신호를 보내는 배달부들을 본 것도 같았다.

수평선에 묶어 놓은 작은 섬이 태풍에 떠밀려 내게로 올 때도

한겨울 어둠 속에 웅크린 은빛 초승달을 발견했을 때도
하얀 젖니를 눈보라 속에 놓아줄 때도

희미하게 신호를 보내오는 별이 정한 우체국으로 가는 이정표를 본 것도 같았다.

그렇게 하루, 이틀, 사흘, ……

다시 봄이 와서 내 몸에 더는 봉숭아뼈가 자라지 않게 되었을 때

내 속에는 영영 닿지 못할 우체국 하나가 생겨났다.

계간《시와 편견》2022년 겨울호

 **최형심**
2008년 《현대시》 등단. 시집 『나비는, 날개로 잠을 잤다』. 제4회 시인광장 시작품상, 심훈문학상 수상. 웹진 『시인광장』 편집장 역임. .

하 린하두자하상만
한성근한정원함기서
허 민홍일표황인찬
황기산하 린하두자
하상만한성근한정원
함기석허 민홍일표
황인찬황정산하 린
하두자하상만한성근
한정원함기석허 민
홍일표황인찬황정산

91
⋮
100

로드킬

하 린

슬픔의 피를 밤새 빨렸다 기억의 등뼈가 휘청거렸다 일어서고 싶었지만 별들의 참견이 다분했다 고상한 명분과 속물적인 생각들이 변별점을 잃었고 로드무비를 위하여 방향성이 사라졌다 명분도 충고도 없는 상태가 지속됐고 유령이 심장 앞에 버젓이 출몰했다 차갑거나 따갑거나 허하거나 씁쓸하거나 헐떡거리지 않았다 가질 수 없는 표정과 숨소리와 목소리가 실감으로부터 멀어졌고 신이 나를 소환하면 앙상한 의식이 파열될 것만 같았다 목격자가 바이러스와 벌레와 곤충과 짐승들뿐이라서 망설이는 것은 사치였다 다짐이 완전히 사라지기 전에 회개를 재빨리 실행했다

이럴 줄 알았으면 고백은 그때그때 하는 건데, 나를 길들이려고 했던 위계와 질서에게 욕설을 해줬어야 했는데, 아비라는 이름을 갖고도 아비를 이해 못한 콤플렉스 따윈 버렸어야 했는데, 사기 친 자와 음해한 자들을 나의 분노 속에서 게워낸 후 돌려보냈어야 했는데, 어젯밤 비싼 요릿집 앞에서 3초간 머뭇거린 못난 태도를 0.5초 만에 버렸어야 했는데, 관계의 낯섦과 어색함에 얽매인 당신들에게 내가 먼저 거절하는 자세를 내밀었어야 했는데, 나로 인해 죽었던 동물과 식물들에게 일요일마다 사과를 했어야 했는데, 구질구질한 거처 속에 남겨진 나의 미완성 작품들을 깨끗이 버렸어야 했는데…,

자꾸 후회가 명징해졌다 눈을 뜬 채 세상을 감았다

반년간 《한국시인》 2022년 봄・여름호

하 린

1998년 《광주매일》 신춘문예 시 당선 및 2008년 《시인세계》 시 당선으로 작품활동 시작. 저서로는 시집으로 『야구공을 던지는 몇 가지 방식』, 『서민생존헌장』, 『1초 동안의 긴 고백』이 있고, 연구서 『정진규 산문시 연구』와 시 창작 안내서 『시클』이 있음. 2011년 청마문학상 신인상, 2015년 송수권시문학상 우수상, 2016년 한국해양문학상 대상, 2020년 한국시인협회 젊은시인상 수상.

콘센트와 망각

하두자

내 피돌기는 어디쯤에서 멈췄는지
한 번 막힌 기억이 다시 돌아오는 길은 어려울까요
발끝에서 머리 정수리까지
잠복한 감정들이 사방으로 흩어져 풍랑으로 떠 돌아요

몰려오는 어두운 망각의 변주
불빛이 누군가를 위해 반짝이고 있다는 사실은 허구예요
어둠 속에서 저 혼자 저를 위해 빛날 뿐이죠
왼쪽의 긍정과 오른쪽의 부정이 극단적인 것처럼요

가끔은 누군가가 내 기억을 누르고 있어요
튀어나온 저 신음은 소통과 상관없이 무거워요
피돌기가 위태롭게 끊어졌다 이어지면
내 진실과 진담은 어느 곳에서나 공존할 수 있을까요

서로 잘 통한다는 말처럼 어리숙한 거짓말은 없어요
그건 섞이지 않는다는 걸 얘기하지 않나요
과도한 긴장 때문일까요
외벽에 불시착한 콘센트가 모호해요

흘러가야 하는 것과 흐르지 못하는 것을 위해
그저 붙들고만 있었다고 의사가 한마디 던지네요
나는 그런게 중요하지 않아요
나는 내가 닦아놓은 사실을 왜 잃어버렸을까요

코드를 꽂듯 현재를 연결해 주세요
순식간에 일곱 살을 버리고 돌아올게요

계간 《시와 편견》 2022년 여름호

하두자
1998년 《심상》으로 등단. 시집으로 『물수제비 뜨는 호수』와 『물의 집에 들다』,
『불안에게 들키다』, 『프릴 원피스와 생쥐』가 있음.

설산

하상만

이런 곳에 와 보면 궁금해집니다 길은 눈 속으로 사라졌는데 처음 걸어간 사람은 누구일까 남은 발자국을 앞장세우고 걷다 보면 원래의 길과 어긋남이 없음을 알게 됩니다 산길은 사람이 다녀서 생긴 것 같지만 원래 희미한 윤곽이 있었을 것 같아 그걸 볼 줄 아는 사람들이 다니면서 뚜렷해진 거고 길은 어쩌면 처음부터 길이었을 거야 알아보기를 기다리고 있었던 거지

나 같은 사람에게는 보이지 않아서 남이 하던 대로 따라 합니다 양 옆으로 허벅지 높이까지 눈이 쌓여 있고 아무도 밟지 않은 눈 속을 스틱으로 찔러 봅니다 단단해진 길보다 푹신한 눈길이 깊습니다 그 속으로 걸어가고 싶습니다 뒷사람이 따라오는 길이니 눈길을 함부로 밟지 말라는 말씀을 여겨보고 싶습니다 나에게 인류를 위한 큰 사명 따위는 없습니다

오해로 시작한 길도 그 끝이 아름다울 수 있다고 생각합니다 오해로 시작되는 사랑도 원하는 사랑에 닿을 수 있을 것 같고 아무도 밟지 않은 곳은 눈이 부십니다 누구도 따라오지 않는, 당신에게로 가는 길을 만들고 싶습니다

반년간 《엄브렐라》 2023년 상반기호

하상만
2005년 《문학사상》 등단, 저서로는 시집 『간장』, 『오늘은 두 번의 내일보다 좋다』와 교양서 『과학실에서 읽은 시 1,2』, 『문학시간에 읽은 시』가 있음. 제9회 김장생문학상 대상, 제9회 김구용시문학상 수상. 현재 웹진 『시인광장』 편집위원.

허술한 믿음에 사로잡혀

한성근

숫제 머뭇거리던 안간힘으론 드리우기 어려워
어렴풋이 몇 번이나 내비친 나약한 헛발질에
금간 하늘이라도 붙잡았으면
우레와 같은 박수 터져 나왔겠지만
쳐다보는 사람 누구 오지 않을지도 모른다는데도
햇살은 산그림자 속에서 줄곧 허둥거린다
지상의 모든 길들이 겨를도 없이 막혀 버렸을까
희미하게 차오른 어스름 뒤집어쓴 채
가만 있어도 여위어 가는 하루해가 될 것만 같아
뒤뚱거린 발걸음조차 어둠 속에 묻혀 버린다
벼랑으로 내몰려 외로움에 지친 사람들의
반쯤 감은 눈동자만큼
더 깊어 가는 고뇌에 절규하듯
진작에 지워 버린 시간들을 공연스레 바라보다가
번번이 뒤따르던 희망의 끄나풀을
비장한 결의로 무장시켜
한 번쯤은 막무가내 덧그리면 어떨까 싶어진다
함성이 끝난 뒤의 텅 빈 광장 어딘가에서
허술한 믿음에 곧바로 사로잡혀
꿈속에서도 가져 본 적 없는 확신을 갖으려 했던
분분해진 몸맨두리 바로잡아 일어서야 했을까
끝 모르게 이어진 여정과 맞닿아 줄지어 선
멀어져 간 긴 여운까지 불러 세운 뒤
까닭 모를 집착 속에서 간절한 슬픔에 사로잡혀

무엇 때문에 그토록 앞만 보고 내달렸는지
비틀거리는 발걸음 성급히 불러 세워
어긋난 마음 조금만 비웠더라면 좋았을 텐데
욕심에 절은 세월이 남모르게 깊어 가는 동안
안개 속 같은 지상의 모든 길 위로
무량한 사람들이 안쓰럽게 다가서고 있는 것 같아
보기보다 더 멀리 와 버린 지금에서야
되돌릴 수 없다는 걸 가까스로 알아차렸으니
어디로든 덮어놓고 걸으면 걸을수록
끝이 없는 길로 이어지려는가 보다

계간 《불교문예》 2023년 여름호

한성근
전남 보성에서 출생. 2018년 《인간과 문학》으로 등단. 시집으로 『발자국』, 『부모님 전 상서』, 『바람의 길』, 『채워지지 않는 시간』, 『또 하나의 그리움』 등이 있음. 더좋은문학상 수상.

눈사람의 시간

한정원

떨고 있는 눈사람에게 녹지 마, 라고 말하는 대신
울지 마, 하고 증발하는 어깨를 털어주었지.

너는 눈이 있으니까, 물을 품고 있으니까, 뺨이 있으니까, 스며들 입이 있으니까. 울고 나면 하늘이 씻은 듯 없어질 것 같아 다시 녹지 말라고 얼음 밴드를 붙여주었지.

언제나 흘러내리는 무릎, 탈주할 기둥 뒤에서 시간을 재고 있는 모래시계 속 눈가루 날리는.

소멸한다는 것은 돌아갈 곳이 있다는 것을 알았을까, 흐르는 아스팔트, 도착할 호수와 바다가 있다는 것을, 우주의 작은 숲 속으로 길을 내고 있다는 습관을.

세상에 나쁜 날씨는 많았지, 이탈한 햇빛과 바람이 성을 쌓는 동안 눈의 살점을 떼어내 오리를 만들고 기러기를 새기고 아기를 낳고 미래는 눈보라 속에서 희미하게 쌓여 갔지. 나는 눈사람 애인, 눈송이 시계를 따라가며 뜨거운 피가 흐르는 노래를 불렀지. 소리쳐도 무음으로 서있는 타인의 노래를 들으려고.

녹지 마, 울지 마, 온 몸으로 사라지는 그림자.

물의 뼈만 남기고 사라졌다가 다시 척추를 세우는 겨울의 집. 사람 속에 있는 눈을 보았지. 사람 눈을 들여다보는 눈부처를 찍었지. 눈빛 속에서 흘러내리는 눈의 몸을 보았지.

녹지 마, 라고 말하는 대신 울지 마, 하고 위로했지. 모든 액체는 슬픔인 것처럼.

웹진《문장》2023년 4월호

한정원
세종대학교 대학원 교육학과(교육학 석사) 졸업. 1998년《현대시학》으로 등단. 시집으로 『그의 눈빛이 궁금하다』, 『낮잠 속의 롤러코스터』, 『마마 아프리카』, 『석류가 터지는 소리를 기록했다』가 있음.

혹시나 해서 말인데

함기석

1

소개팅으로 시를 만나지 마라
불운이 너의 삶에 그림자처럼 따라다닐 거다

심심하다고 시를 술친구로 두지 마라
주사가 심해서 온갖 헛소리를 다 들어줘야 할 거다

외롭다고 잘생긴 시를 남자친구로 두지 마라
더 외로워져서 혼자 죽을 거다

달빛 내리는 밤, 시가 들려주는 기타소리에 혹하지 마라
엉킨 실타래처럼 사랑도 미래도 꼬일 거다

생일에 시가 안겨주는 장미 꽃다발에도 혹하지 마라
향기는 하루고 악취는 날마다 부활할 거다

특히 시와의 첫 키스를 조심하라
달콤한 미남마귀 입술에 취해 두 눈을 꼭 감으면

꼭 그때부터 헛것을 보게 되고
꼭 그때부터 안개 속을 떠도는 눈먼 새가 되더라

그리고 절대로 시와 동거하지 마라

벌거벗은 시의 알몸을 보면, 어휴~ 눈이 썩을 거다

아 이 겨울밤, 달은 밤의 노숙자다
지상에는 잠들 곳이 없어 춥고 어두운 하늘 떠도는

난 혹시나 해서 말인데 넌 역시나 해서
양의 탈을 쓴 고양이거나 살쾡이 운명이면 어쩔 수 없지

아 저기 골목 끝에서 시가 걸어오고 있다
그는 방금 오줌통에 빠졌던 취한 사내다 소개해줄까?

2

난 어젯밤에 오줌통에 빠졌던 그 사내다
아침이다 나를 미워하는 사람들이 아 나는 또 그립다

함기석! 너 그러는 거 아니다 내가 뭘 어쨌다고
밤새 그렇게 나를 씹니? 아무튼 여긴 지하도다 나의 숙소

바깥으로 나가니 도로는 꽁꽁 얼어붙었고
강추위에 바지 속의 내 고추도 왕창 쪼그라들었다

찬장에 높게 쌓인 유리그릇처럼 턱은 덜덜덜 떨린다
공터로 가서 오줌을 누려고 바지를 끄르는데

손가락이 얼어서 나뭇가지처럼 딱딱해져서
꺼내기도 전에 줄줄 샌다

아 이게 인생이구나!
뭔가 꺼내기도 전에, 내 오줌에 내가 흠뻑 젖는 것

그래도 난 다행이다 저자는 어쩌나
벨트 풀기도 전에 설사가 터진 저 불량품 건달 시인

혹시나 해서 말인데, 그 인간 시집 나오면
썩은 속 달래줄 보은 대추차나 한 대접 대접해줘라

아 저기 고층빌딩 위 살얼음 깔린 하늘에서
아침 해장술에 취한 신은 또 하루치의 햇살 기타를 퉁기고

아 저기 눈 덮인 광장 가득
빡빡머리 해는 떠오르고 새들은 또 햇빛을 물어다 나르고

계간 《시작》 2022년 여름호

함기석
한양대학교 수학과 졸업. 1992년 《작가세계》 등단. 시집으로 『국어선생은 달팽이』, 『착란의 돌』, 『뽈랑공원』, 『오렌지기하학』, 『힐베르트 고양이 제로』 등과 동화 『상상력 학교』 등이 있음. 눈높이아동문학상, 박인환문학상, 이형기문학상, 웹진 시인광장 선정 올해의좋은시賞 등을 수상.

신의 물방울

허 민

아무런 연락도 없이 지내다
너무 오랜만에
마주 앉았지

헤어지기 전
마지막으로 만났을 때 서로는
바로 이 탁자 위,
깊고 눈부신
한 병의 포도주를 나눠 마셨는데

지금은 각자의 병에 스스로의 영혼만을 가득 채운 채
검은 포도알 같은 눈동자를
어디로 둘지 모르는
어색한 이야기를 나누고 있다

우리에겐 참을 수 없는
서로의 단 하나가 있었다, 그것이
그 사람의 인생을 지탱한 고유한 향기임을 망각한 채
맹렬히 술잔을 깨부수었었지

신께서는 뒤늦게
우리의 영혼을 기울여
테이블 위 서로의 물방울을 쏟게 하셨다

한참을
흔들리며 흔들리며
우리는 비로소 텅 빈 병

너와 나의 병 속으로
서로의 물결이 천천히 바뀌어
흘러 들어갔다

계간 《황해문화》 2021년 가을호

허 민

1983년 강원도 양구에서 출생. 2014년 웹진 《시인광장》을 통해 등단. 시집으로 『누군가를 위한 문장』이 있음. 2022년 제2회 시산맥 창작지원금 수혜.

밝은 날

홍일표

지붕은 빗방울의 말을 받아 적느라 바쁘다

밤새 적어 놓은 글자들
한 자도 없이
허공에서 길 잃은 커서만 깜박거린다
어디에도 저장되지 않은
햇볕을 안고 들끓던 양철지붕의 짧은 사랑처럼

여름은 비와 복숭아와 구름의 연대기로 하나의 문장이 되었지만

없던 관절이 가을의 몸에 생겨났다
가지마다 툭툭 불거져 나온
크고 뭉툭한 감정들

지워지고 사라지는
긴 여행이었다
아무것도 아닌 것이 많아져서 세계가 넓어졌다
답도 결론도 없이 날아간 나비처럼

계절을 버리고 떠나는 꽃들이 분주해졌다

누군가 멀리 있는 봄을 꺾어서
가난한 지붕을 이해하는 허공의 입 안에 넣어 주었다

계간 《현대시학》 2023년 9,10월호

홍일표
1992년 《경향신문》 신춘문예로 등단. 저서로는 시집 『매혹의 지도』, 『밀서』, 『나는 노래를 가지러 왔다』, 『중세를 적다』, 『조금 전의 심장』과 평설집 『홀림의 풍경들』, 산문집 『사물어 사전』 등을 펴냄. 지리산문학상, 웹진 시인광장 선정 올해의좋은시賞, 매계문학상 수상.

당신 영혼의 소실

황인찬

〈당신은 지금 죽었습니다
약간의 경험치와 소지금을 잃었습니다〉

밥을 먹고 있는데
그런 메시지가 어디 떠오른 것 같다

스테이터스, 그렇게 외쳐도 무슨 창이 허공에 떠오른다거나 로그아웃이라고 말한다고 진정한 현실 세계로 돌아간다거나 하지는 않았지만……

식탁 위에는 1인분의 양식이 있고
창밖으로는 신이 연산해낸 물리 법칙에 따라 나무들이 흔들리고 있었다

그때 너는 분갈이를 해야 한다며
거실에 앉아 식물의 뿌리와 씨름을 하고 있었는데

(이미 구면인 신이 찾아와 내게 말을 건다

〈이것이 당신의 영혼입니다〉
—작군요

〈이것이 당신의 슬픔입니다〉
—없는데요

〈그것이 당신의 슬픔이군요〉

……잠시간의 침묵
그리고 나무들의 흔들림이 멈춘다)

회상이 끝나면 어느새 너는 없고 너무 커서 부담스러운 고무나
무 한 그루가 거실 창가 한 귀퉁이를 차지하고 있다

이 나무에는 너의 영혼이 깃들었고
이것을 잘 가꾸면 언젠가 네가 열매 맺힐 것이라 믿으며

나는 잘살고 있다
딱히 네가 죽은 것은 아니었지만

〈당신은 지금 죽었습니다〉

다시 내 머리 위 어디쯤
메시지가 떠오른 것만 같았고

—부활은 안 할게요
그렇게 말해도 들어주는 사람은 없었다

계간 《어선 테일즈》 2021년 겨울호

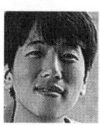

황인찬
2010년 《현대문학》으로 등단. 시집으로 『구관조 씻기기』, 『희지의 세계』, 『사랑을 위한 되풀이』가 있음. 제31회 김수영 문학상 수상. 현재 〈는〉 동인으로 활동 중.

허수아비 때리기

황정산

한 사람이 옷을 입고 서있다 자세히 보면 옷을 들고 서있다 그가 입은 것이 바로 그이기도 하다 하지만 아무도 그를 옷이라 부르지는 않는다 하늘을 나는 새들이 아니라, 그에게 총을 쏘고 돌팔매를 던지는 사람들이 그를 세우고 옷을 입힌다 그래서 아무도 그를 믿지 않는다 그를 세운 사람들은 다시 옷을 입고 두 팔을 벌려 환대하는 또 다른 그들이 되기도 한다 사람들이 손가락으로 가리키는 곳에 사람이었던 사람이 걸음을 멈춘다 결국 그는 그가 없었던 곳으로 돌아가지 못한다

들판에 누군가 서있다
나는 것들이 벗어놓은 무게를 그가 걸치고 있다
모든 것을 맞으며 서 있지만
그가 벌린 두 팔에 안기는 것은 없다
밟고 선 그림자 발을 감춘다

허수아비가 서 있다 한 사람이 그 아래 눕는다

계간《열린시학》 2022년 가을호

황정산
1958년 목포에서 출생. 고려대학교 불문학과 및 同 대학원 국문학과 졸업. 1994년《창작과 비평》으로 평론활동 시작. 2002년《정신과 표현》으로 시 등단. 저서로는 『작가론 김수영 총서』, 『주변에서 글쓰기』, 『쉽게 쓴 문학의 이해』 등이 있음. 대전대학교 교양교육원 교수. 웹진 『시인광장』 편집위원 역임.

웹진 『시인광장』 역대 편집위원 기별 명단 (期別 名單)

■ 웹진 『시인광장』 제1기 편집위원 (2006. 3. 1 ~ 2008. 11. 30)
우원호(발행인 겸 편집인, 편집주간)
김 륭(편집장)
김 산(편집위원), 이용임(편집위원)

■ 웹진 『시인광장』 제2기 편집위원 (2008. 12. 1 ~ 2009. 3. 31)
김백겸(편집주간)
박진성(편집장)
김명원(편집위원), 윤은경(편집위원), 윤지영(편집위원)

■ 웹진 『시인광장』 제3기 편집위원 (2009. 3. 31 ~ 2010. 1. 31)
김백겸(편집주간)
박진성(편집장 2008. 12. 1 ~ 2009. 3. 31)
김예강(편집장 2009. 4. 1 ~ 2009. 12. 31)
변의수(편집위원), 이성렬(편집위원), 김명원(편집위원), 최정란(편집위원), 김예강(편집위원), 서영처(편집위원), 윤지영(편집위원), 김성규(편집위원)

■ 웹진 『시인광장』 제4기 편집위원 (2010. 1. 31 ~ 2011. 12. 31)
김백겸(편집주간)
이성렬(부주간)
김예강(편집장 2010. 1. 1 ~ 2010. 4. 30)
조유리(편집장 2010. 4. 30 ~ 2011. 8. 31)
김윤이(편집장 2011. 8. 31 ~ 2012. 1. 1)
김신영(편집위원), 김명원(편집위원), 문 숙(편집위원), 최정란(편집위원), 서영처(편집위원), 남기택(편집위원), 김미정(편집위원), 김지유(편집위원), 김예강(편집위원), 박성현(편집위원), 이송희(편집위원), 김옥성(편집위원), 정원숙(편집위원), 김후영(편집위원), 장무령(편집위원), 심은섭(편집위원)

■ 웹진 『시인광장』 제5기 편집위원 (2011. 12. 31 ~ 2012. 5. 30)
김백겸(편집주간)
이성렬(부주간)
김윤이(편집장 2011. 8. 31 ~ 2012. 1. 1)
성은주(편집장 2012. 1. 1 ~ 2012. 4. 1)
윤의섭(편집위원), 김명원(편집위원), 최정란(편집위원), 서영처(편집위원), 김미정(편집위원), 이성혁(편집위원), 김예강(편집위원), 이송희(편집위원), 신진숙(편집위원), 정원숙(편집위원), 김후영(편집위원), 장무령(편집위원), 심은섭(편집위원)

■ 웹진 『시인광장』 제6기 편집위원 (2012. 5. 30 ~ 2013. 1. 31)
김백겸(편집주간)
김영찬(부주간)
김지율(편집장 2012. 4. 1 ~ 2013. 5. 1)
구광렬(편집위원), 윤의섭(편집위원), 한명희(편집위원), 김명원(편집위원), 최정란(편집위원), 이성혁(편집위원), 김미정(편집위원), 정원숙(편집위원), 손현숙(편집위원), 장무령(편집위원), 강신애(편집위원), 사윤수(편집위원), 양균원(편집위원), 권정일(편집위원), 이송희(편집위원)

■ 웹진 『시인광장』 제7기 편집위원 (2013. 1. 32 ~ 2014. 5. 21)
김백겸(편집주간)
김영찬(부주간)
최형심(편집장 2013. 5. 1 ~ 2014. 5. 1)
윤의섭(편집위원), 한명희(편집위원), 김명원(편집위원), 황정산(편집위원), 강신애(편집위원), 김지율(편집위원), 이성혁(편집위원), 강희안(편집위원), 장무령(편집위원), 김미정(편집위원), 정원숙(편집위원), 손현숙(편집위원), 사윤수(편집위원), 양균원(편집위원), 권정일(편집위원), 이송희(편집위원), 전소영(편집위원), 정한용(편집위원), 이제야(편집위원), 천수호(편집위원), 최라라(편집위원)
객원 편집위원: 박서영

■ 웹진 『시인광장』 제8기 편집위원 (2014. 5. 21 ~ 2015. 2. 13)
김백겸(편집주간)
김영찬(부주간)
임　봄(편집장 2014. 5. 1 ~ 2015. 11. 30)

윤의섭(편집위원), 김명원(편집위원), 정한용(편집위원), 황정산(편집위원), 장무령(편집위원), 김미정(편집위원), 정원숙(편집위원), 손현숙(편집위원), 사윤수(편집위원), 권정일(편집위원), 박해람(편집위원), 김지율(편집위원), 전소영(편집위원), 오홍진(편집위원)

객원 편집위원: 박서영, 임희숙

■ 웹진 『시인광장』 제9기 편집위원 (2015. 2. 13 ~ 2016. 1. 13)
김백겸(편집주간)
김영찬(부주간)
임　봄(편집장 2014. 5. 1 ~ 2015. 11. 30)
정다인(편집장 2015. 12. 1 ~ 2016. 8. 23)

윤의섭(편집위원), 김명원(편집위원), 정한용(편집위원), 장무령(편집위원), 오민석(편집위원), 김미정(편집위원), 정원숙(편집위원), 손현숙(편집위원), 사윤수(편집위원), 권정일(편집위원), 김유석(편집위원), 박해람(편집위원), 김지율(편집위원), 전소영(편집위원), 이수진(편집위원), 오홍진(편집위원), 박정희(편집위원), 이영혜(편집위원)

객원 편집위원: 박서영, 임희숙

■ 웹진 『시인광장』 제10기 편집위원 (2016. 1. 13 ~ 2016. 8. 23)
김백겸(편집주간)
김영찬(부주간)
정다인(편집장 2015. 12. 1 ~2 016. 8. 23)

윤의섭(편집위원), 김명원(편집위원), 김미정(편집위원), 정원숙(편집위원), 손현숙(편집위원), 권정일(편집위원), 김유석(편집위원), 박해람(편집위원), 김지율(편집위원), 최형심(편집위원), 박제영(편집위원), 전소영(편집위원), 이수진(편집위원), 오홍진(편집위원), 박정희(편집위원), 이영혜(편집위원)

객원 편집위원: 박서영

■ 웹진 『시인광장』 제11기 편집위원 (2016. 8. 23 ~ 2017. 1. 18)
윤의섭(편집주간)
박해람(부주간)
이 령(편집장 2016. 9. 23 ~)
정숙자(편집위원), 김광기(편집위원), 권정일(편집위원), 박현솔(편집위원), 손현숙(편집위원), 나금숙(편집위원), 문 신(편집위원), 박수빈(편집위원), 정원숙(편집위원), 전소영(편집위원), 강 순(편집위원), 김지율(편집위원)

객원 편집위원: 박서영

■ 웹진 『시인광장』 제12기 편집위원 (2017. 1. 18 ~ 2018. 1. 5)
김신용(편집주간)
이 령(편집장 2016. 9. 23 ~ 2018. 1. 5)
박해람(편집위원), 정숙자(편집위원), 김광기(편집위원), 권정일(편집위원), 박현솔(편집위원), 손현숙(편집위원), 나금숙(편집위원), 권성훈(편집위원), 함태숙(편집위원), 문 신(편집위원), 박수빈(편집위원), 강 순(편집위원), (편집위원), 김지율(편집위원), 허 민(편집위원), 김분홍(편집위원), 한경용(편집위원), 송과니(편집위원), 이 선(편집위원), 정 호(편집위원), 김인경(편집위원)

객원 편집위원: 박서영, 윤향기

■ 웹진 『시인광장』 제13기 편집위원 (2018. 1. 5 ~ 2020. 8. 31)
김영찬(편집주간)
송과니(부주간)
이 령(부주간)

나금숙(편집위원), 권성훈(편집위원), 강 순(편집위원), 김명철(편집위원),허 민(편집위원), 김분홍(편집위원), 한경용(편집위원), 이재연(편집위원), 이 선(편집위원), 정 호(편집위원), 김인경(편집위원), 오유경(편집위원), 박진형(편집위원), 이 필(편집위원), 최규리(편집위원), 김윤환(편집위원), 김희준(편집위원)

객원 편집위원: 윤향기

■ 웹진 『시인광장』 제14기 편집위원 (2020. 9.1 ~ 2021. 8.31)
김영찬(편집주간)
이　령(부주간)
박진형(편집장)
강 순(편집위원), 김분홍(편집위원), 이재연(편집위원)
객원 편집위원: 윤향기, 김명철

■ 웹진 『시인광장』 제15기 편집위원 (2021. 9.1 ~ 2022. 1.8)
김영찬(편집주간)
이　령(부주간)
최규리(편집장)
강 순(편집위원), 김분홍(편집위원), 이재연(편집위원), 이 선(편집위원), 김효은(편집위원), 배세복(편집위원), 김광호(편집위원)
객원 편집위원: 윤향기, 김명철

■ 웹진 『시인광장』 제16기 편집위원 (2022. 1.9 ~ 8.31)
김왕노(편집주간)
이　령(부주간)
최규리(편집장)
강 순(편집위원), 권성훈(편집위원), 김효은(편집위원), 배세복(편집위원), 김광호(편집위원), 채종국(편집위원), 차현주(편집위원), 하상만(편집위원), 석민재(편집위원), 송용탁(편집위원)
객원 편집위원: 윤향기, 김명철

■ 웹진 『시인광장』 제17기 편집위원 (2022. 9. 1 ~ 현재)

우원호(발행인 겸 편집인)
김왕노(편집주간)
이 령(부주간)
최규리(편집장)

권성훈(편집위원), 김효은(편집위원), 배세복(편집위원), 김광호(편집위원), 채종국(편집위원), 차현주(편집위원), 하상만(편집위원), 석민재(편집위원), 송용탁(편집위원), 김태경(편집위원), 정윤서(편집위원)

■ 웹진 『시인광장』 제18기 편집위원 (2023. 1. 5 ~ 현재)

우원호(대표)
김왕노(발행인 겸 편집인)
방민호(편집주간)
김조민(부주간)
최규리(편집장)

권성훈(편집위원), 김효은(편집위원), 하상만(편집위원), 석민재(편집위원), 김광호(편집위원), 채종국(편집위원), 김태경(편집위원), 정윤서(편집위원)

☞ 웹진 『시인광장』 역대 편집위원

강 순, 강희안, 구광렬, 권성훈, 권정일, 김광기, 김광호, 김 륭, 김명원, 김명철, 김미정, 김백겸, 김분홍, 김 산, 김성규, 김신영, 김신용, 김옥성, 김영찬, 김예강, 김유석, 김윤이, 김윤환, 김인경, 김지유, 김지율, 김태경, 김효은. 김후영, 김희준, 나금숙, 남기택, 문 숙, 문 신, 박성현, 박수빈, 박정희, 박제영, 박진성, 박진형, 박해람, 박현솔, 배세복, 변의수, 사윤수, 서영처, 석민재, 손현숙, 송과니, 송용탁, 심은섭, 신진숙, 양균원, 여성민, 오유정, 오홍진, 우원호, 윤은경, 윤의섭, 윤지영, 이 령, 이 선, 이성렬, 이성혁, 이송희, 이수진, 이영혜, 이용임, 이재연, 이제야, 이 필, 임 봄, 장무령, 전소영, 정다인, 정숙자, 정원숙, 정윤서, 정한용, 정 호, 조유리, 차현주, 채종국, 천수호, 최규리, 최라라, 최정란, 최형심, 하상만, 한경용, 한명희, 함태숙, 허 민, 황정산 (이상 94명)

객원 편집위원: 박서영, 임희숙, 윤향기, 김명철 (이상 4명)